André Beaunier

La vie amoureuse

de Julie

de Lespinasse

Ernest Flammarion, éditeur

Collection " Leurs amours "

La vie amoureuse

de Julie de Lespinasse

Il a été tiré de cet ouvrage :
cent exemplaires sur papier de Hollande,
numérotés de 1 à 100
et deux cents exemplaires sur
papier vergé pur fil Lafuma,
numérotés de 101 à 300.

Collection " Leurs amours "

André Beaunier

La vie amoureuse
de Julie de Lespinasse

Ernest Flammarion, éditeur

La vie amoureuse
de Julie de Lespinasse

I

A l'automne 1752, Marie de Vichy, marquise du Deffand, qui approche de cinquante-cinq ans, est triste à mourir. Elle a quitté Paris vers la fin d'août, s'est mise en route, est venue s'établir pour un peu de temps au château de Champrond qui se trouve aux confins du Mâconnais et du Lyonnais, qui ressemble plus à une maison forte qu'à un joli séjour, et où elle a son frère Gaspard de Vichy, de deux ans plus âgé qu'elle, la femme et les enfants de ce Gaspard. Elle n'a guère d'amitié pour lui et ne connaît beaucoup ni sa femme ni ses enfants. Pourquoi est-elle venue? L'on n'en sait rien, ni elle ne le sait bien nettement. Elle a quitté sa demeure du couvent Saint-Joseph; le sentiment qui l'a jetée dehors n'est qu'une espèce de peur; elle se sauve. Qu'est-ce qui l'épouvante? Elle devient aveugle; et elle a peur du noir qui la menace, de ce « cachot » où elle sera bientôt murée. Elle n'est pas encore aveugle, mais, comme dit Voltaire, entre chien et loup. Elle n'ose le dire à personne, considérant qu' « il n'y a point un seul homme à qui l'on puisse confier ses peines sans lui donner une joie maligne et sans s'avilir à ses yeux ». Elle a quantité d'amis et ne compte sur aucun d'eux. Elle craint cependant la solitude : elle y serait, avec tout son esprit, plus méfiante qu'une autre. Elle a vécu longtemps à la légère et ne s'est retirée de la dissipation galante que pour essayer d'une liaison, plus tendre, moins futile que les précédentes et que la durée consacrerait. Hélas ! l'amour se revanche des affronts qu'elle lui a faits. Jeune encore, elle s'en riait. « Vous avez l'absence délicieuse », écrit-elle à son cher président Hénault, pendant un voyage. Il lui répond : « Je vous regrettais d'autant plus que je pouvais vous prêter des sentiments qu'il n'y a que votre présence qui les puisse détruire. » Imprudents amants, qui ont trop d'esprit ! Leur esprit leur ôte une crédulité que l'amour réclame et qui veut des soins. Leur esprit leur tourne en frivolité toutes choses. Et leur frivolité soudain les attriste, quand ils s'aperçoivent qu'elle ne

leur a laissé que cendre dans les mains. Puis,
d'être aveugle, ou de savoir qu'on le sera, est
un malheur trop grand pour qu'y remédie la frivolité. Mme du Deffand, qui se jouait la comédie
en ce monde, s'attend que son destin lui éteigne
les chandelles. Voilà comme elle s'est sauvée.
Et la voici dans ce château, où elle n'eût point
osé venir sans apporter quelques présents.

Le château n'existe plus, ni sa grosse tour car-
rée, les pavillons qui la flanquaient d'un et
d'autre côté, ni les deux terrasses, « l'une du
côté de bise et l'autre de midi », et les belles
allées en charmilles.

C'est le château où demeurait depuis quatre
ans passés Mlle de Lespinasse quand l'y rencontra
Mme du Deffand, l'automne 1752 : Mme du Deffand, que sa frivolité rend éperdue, et Mlle Lespinasse, que mille maux tourmentent, mais son
ardente jeunesse lui défend le désespoir. Bien
différentes l'une et l'autre, analogues pourtant,
l'une qui se ranime à l'entrain de l'autre, et
toutes deux également ferventes, l'une qui a été
déçue, l'autre qui le sera, toutes deux en peine de
l'être encore ou de l'être bientôt.

Quelles durent être leurs causeries, dans ce
château farouche et sur les terrasses, devant le bel
horizon de campagne ! « Je m'aperçus qu'elle
était fort triste et qu'elle avait souvent les larmes

aux yeux », écrit alors Mme du Deffand; et, sur le point de la quitter, elle la complimente de sa gaieté. Cette gaieté dans la tristesse est l'un des charmes de Julie de Lespinasse; et, triste ou gaie, on ne l'a point vue indifférente, qui est l'état où la frivolité vous met, pour votre malheur, au moment de vous abandonner. Mme du Deffand se plaît à plaindre Mlle de Lespinasse et l'envie; c'est déjà un amusement : et Mme du Deffand s'éprend de vive amitié pour qui le lui procure, ne fût-ce que par chance ou hasard.

Julie de Lespinasse aura dans un mois vingt ans. Elle n'est pas jolie. Elle est grande et l'on dirait bien faite, si elle n'avait dans toute sa personne quelque chose de sec et un air de pensionnaire qui a grandi promptement. Son portrait, de Carmontelle, est au musée de Chantilly. Elle est assise dans un fauteuil et ne s'y appuierait pas : elle brode ou plutôt fait de la dentelle à la navette; elle se tient si droite qu'elle ne regarde pas son ouvrage. Elle a un petit visage où les cheveux sont arrangés à la perfection, le nez retroussé. Regardez ce visage : vous n'y verrez, ou je me trompe, rien du tout. C'est la faute de Carmontelle, qui l'a dessinée de profil, de sorte que ses yeux disparaissent. Et consultez l'un de ses amants, M. de Guibert; il vous répond : « Elle n'était rien moins que belle. Mais sa laideur n'avait rien de repoussant au premier coup d'œil... » Hélas !... Il continue : « Au second coup d'œil, on s'y accoutumait... » Hélas, hélas !... Mais : « Au troisième, on l'avait oubliée... » Bref, un jeune homme pressé n'aurait pas remarqué Julie : et il fallait qu'elle eût le temps de parler. Alors, ses yeux, qu'elle avait noirs, prenaient une admirable expression. Sa physionomie la transformait et la multipliait, pour ainsi dire. M. de Guibert, qui avoue qu'au repos elle n'était rien moins que belle, a écrit : « J'ai vu des visages animés par l'esprit, par la passion, par le plaisir, par la douleur; mais que de nuances m'étaient inconnues avant que je connusse Eliza ! » Eliza est le prénom de Mlle Draper, que Sterne a pleurée : M. de Guibert a voulu pleurer sous le même prénom sa chère Lespinasse.

Il y avait en elle de la flamme. Au surplus, M. de Guibert ne l'a rencontrée que lorsqu'elle eut trente-huit ans; sa flamme n'était pas éteinte, mais nourrie de tout l'aliment d'une existence riche en épisodes. A vingt ans, que Mme du Deffand la découvre, sa flamme, qui, secrètement la consume, cherche à brûler davantage. Elle a de quoi se faire de grands chagrins et les changer soit en révolte ou en folie. Elle sait depuis peu qui elle est : une enfant de l'amour, une bâtarde et, auprès de ces Vichy, comte et comtesse et leur progéniture, quelque chose comme une intruse, la personne la plus étrangement déplacée qu'il y ait.

Sa naissance? A Lyon, chez le sieur Louis Basiliac, chirurgien. Madeleine Ganivet, l'épouse de ce Basiliac, était sage-femme. Les Basiliac tenaient ensemble une maison discrète où était venue faire ses couches une grande dame qui approchait de quarante ans, Julie d'Albon, séparée de son mari depuis quelques années, mère de deux enfants légitimes, une Diane de seize ans et un Camille de huit ans, deux autres étant morts en bas âge, et mère aussi d'un petit bâtard de dix-sept mois qu'on élevait dans un monastère. Elle, née la dernière, est baptisée le 10 novembre 1832, sous le nom de Julie-Jeanne-Eléonore de Lespinasse. On lui invente un père, Claude de Lespinasse, bourgeois de Lyon, qui ne signe pas l'acte de baptême, « pour être absent » et qui est absent, pour n'exister pas. On lui invente une mère, dame Julie Navarre, épouse de Claude et qui n'existe pas. On lui donne un parrain, le chirurgien; une marraine, qui n'existe pas et que représente la sage-femme. Et, dans tout ce néant imaginé, on la déclare fille légitime.

Elle est la fille de la comtesse d'Albon. Le comte d'Albon n'est pas mort et les justes noces le désigneraient pour le père de la petite enfant qui, somme toute, est née dans le mariage de ces d'Albon. Mais il y a une huitaine d'années que ce mari s'est esquivé, ne donne plus signe de vie et, retiré loin des siens, à Roanne, ne compte pas plus que s'il était mort.

Mme d'Albon fut assez brave et prit chez elle, pour l'élever comme une enfant qu'on aime, la petite Julie, dans son château d'Avauges, qui n'est pas éloigné de Lyon. Je ne crois pas qu'elle fît un grand mystère du lien qui l'unissait à Julie; le nom de Lespinasse qu'elle lui avait donné est celui d'une terre que tout le monde savait qui appartenait depuis trois siècles aux d'Albon. Sans doute Julie eut-elle son enfance la même, ou peu s'en faut, que si elle était née de légitime mariage, la même que son frère Camille, de huit ans plus âgé qu'elle : et, Diane, laissons-la, qui est une jeune fille quand Julie n'est qu'une enfant.

Mais, au printemps que Julie a quinze ans et demi, sa mère meurt. Diane est mariée depuis neuf ans bientôt; Camille est capitaine dans un régiment de cavalerie. Où placer Julie? Que deviendra-t-elle, avant seize ans, et orpheline, et sans même le droit de se dire et de se croire une orpheline par la mort de sa mère qui n'était sa mère qu'en simple vérité. Sa mère lui a laissé une pension de trois cents livres pour sa nourriture et son entretien dans un couvent, ce jusqu'à son établissement, mariage ou bien entrée en religion, et six mille livres pour sa dot en religion ou mariage, somme qu'elle feint qui lui ait été confiée pour cette pauvre fille.

Julie au couvent? Cela ne s'imagine guère. Et elle ne l'imagine pas volontiers. Mais Diane et son mari, le comte Gaspard de Vichy, d'un air très obligeant, lui proposent de l'emmener, où elle partagerait leur existence, au château de Champrond, leur résidence habituelle. Ils ont deux enfants, un fils Abel qui a huit ans, et un fils de cinq ans (et qui sera un polisson qui mourra jeune) Alexandre-Mariette. Puis Diane attend et n'attendra que six semaines la naissance d'une petite Anne-Camille (et celle-ci ne vivra guère). Julie ne veut-elle pas se faire une habitude, un train de vie et train de cœur, dans cette maison qui l'accueillerait avec plaisir? Et, s'il lui plaît de reconnaître les bontés qu'on aura pour elle, peut-être s'occupera-t-elle un peu des enfants... Elle accepta cette offre « avec beaucoup de joie », plutôt que d'aller au couvent.

Et la voici, dans cette maison où elle croit qu'on l'aime, assez tranquille. L'année suivante, le comte et la comtesse de Vichy vont passer l'hiver à Paris et lui laissent à gouverner leurs enfants, qui se prennent pour elle d'une tendresse vive. A leur retour, le comte et la comtesse de Vichy la remercient, la complimentent, lui témoignent des sentiments qu'ils ne tarderont pas à démentir. Un beau jour, elle apprend — de leur bouche, probablement, — ce qu'elle n'aurait jamais dû savoir et qui est affreux : qu'elle est fille de Mme d'Albon, mais bâtarde, et sœur de Mme de Vichy, mais demi-sœur, et en outre sa belle-fille... Comment cela? C'est une histoire étonnante et atroce : le comte Gaspard de Vichy, son beau-frère puisqu'elle est sœur de la comtesse de Vichy, est à n'en point douter son père. C'est une histoire qui fait penser aux aventure des Atrides; mais Gaspard de Vichy, devant que d'épouser Diane d'Albon, fut l'amant de Julie d'Albon. Ce Claude de Lespinasse qu'on a donné pour père à Julie de Lespinasse, le 10 novembre 1732, sur l'acte de baptême : un fantôme ! L'amant de Mme d'Albon, le père de Julie de Lespinasse, quelque sept ans plus tard, épousait la fille aînée de sa maîtresse (1). Voilà comme il est beau-frère de sa fille et comme, sous de nobles dehors, sa maison ne réunit point honnêtement une famille.

(1) C'est la trouvaille du marquis de Ségur, à qui l'on doit au surplus la réunion de tous les documents relatifs à Mlle de Lespinasse.

On ne le sait pas. Mme du Deffand, sœur de Gaspard de Vichy, le sait et que, par ainsi, elle est tante de Julie. Et Mme de Vichy le sait. Qui encore? Julie, à qui mieux valait n'en rien dire. Pourquoi le lui a-t-on dit? Les détails manquent. Pourquoi l'a-t-on prise à Champrond, plutôt que de l'envoyer au couvent, comme en avait exprimé le désir sa mère Mme d'Albon? Il paraît bien qu'on ait redouté quelque initiative de sa part, et onéreuse, si par hasard l'envie l'avait touchée de réclamer sa qualité d'une d'Albon, fille de Julie d'Albon et, putativement, du comte d'Albon : d'où le scandale et, d'une autre manière, une perte d'argent, si elle réclamait sa portion de l'héritage. Son frère, Camille d'Albon, l'a gentiment traitée, Diane aussi s'est montrée bienveillante, jusqu'au jour que Mme d'Albon leur mère, à peu de temps de mourir, avoua le désir de régulariser du mieux qu'elle le pourrait la situation de Julie : aussitôt, ils devinrent mauvais et attentifs à leur cupidité qu'il leur était facile de confondre avec l'honneur de la famille.

Nous n'avons pas toutes les pièces du procès; nous aurions tort d'incriminer ces gens que nous ne connaissons guère et qui ont l'air de s'être débattus sous le péché sans belle générosité de cœur ni de bourse. Les faits sont là et ne témoignent pas fameusement en leur faveur. Les faits indiquent tout un drame, plusieurs drames, bien des fautes et du chagrin. Plus de chagrin qu'il n'en faut pour qu'on n'ait pas scrupule d'y ajouter des sévérités imprudentes. Mais, dix-sept ans après la date où je suis dans mon récit, le jeune Abel de Vichy, frère et neveu de Julie de Lespinasse et qui l'aime bien tendrement, séparé d'elle par les hasards de l'existence et devenu un garçon de vingt-neuf ans, note dans son journal intime ce peu de mots et rudes : « J'ai eu une grande conversation avec ma mère au sujet de Mlle de Lespinasse. Ce sont des horreurs ! » Il avait beaucoup d'amitié pour Mlle de Lespinasse, et elle pour lui. Elle lui écrivait, quand il avait quinze ans : « Je ne veux point de mademoiselle dans vos lettres. En public, il faut bien se conformer à l'usage; mais, de vous à moi, je ne veux rien perdre. » Il ne savait pas encore qui elle lui était; il lui garda, jusqu'à ce qu'elle mourût, les meilleurs sentiments.

Elle, à vingt ans, comment prit-elle la nouvelle qu'on lui infligea de ces « horreurs » ? C'est le point qui nous intéresse. Eh ! bien, elle en fut bouleversée; elle en eut l'esprit marqué pour jamais.

Elle comprit comme on la traitait, et à quelles fins, en pauvre fille dont il fallait se méfier. On la tenait en suspicion, la réduisait au rang d'une institutrice et la blessait dans sa fierté : tout ça, pour lui ôter l'idée qu'elle pourrait avoir de coûter cher en réclamant sa part de fortune.

Un pareil soupçon l'offense. On la connaît mal ! Et, toute frémissante, elle le dit à Mme du Deffand, qui lui est une confidente curieuse et attendrie. Mme d'Albon, sa mère, avait mis pour elle, dans un meuble de sa chambre, une « somme d'argent assez considérable » et, sur le point de mourir, lui donnant la clef de ce meuble, lui commandait d'y prendre, quand elle serait morte, cet argent qu'elle lui avait gardé. Mme d'Albon meurt. Et que fait Julie ? Elle appelle son frère, le mène au bureau, lui en donne la clef, puis l'invite à prendre pour lui tout cet argent. Voilà comme elle ne fait point de cas de la fortune, elle qu'on a laissée pauvre et qu'on soupçonne de convoitise ! Mme du Deffand n'est-elle pas touchée de le savoir ?

Ce n'est pas tout ce qu'éprouva Julie de Lespinasse, quand elle apprit qu'elle était fille de son beau-frère et, comme je disais, une Atride. Est-ce une Atride qu'il faut dire ? Avait-elle lu les tragédies de l'antiquité ou celles qu'en ont tirées nos poètes ? Une vingtaine d'années plus tard, elle écrira ceci à M. de Guibert : « Quelque jour, mon ami, je vous conterai des choses qu'on ne trouve point dans les romans de Prévost ni dans Richardson. Mon histoire est un composé de circonstances si funestes, si atroces, que cela m'a prouvé que le vrai n'est souvent pas vraisemblable. Les héroïnes de roman ont peu de chose à dire de leur éducation; la mienne mériterait d'être écrite, par sa singularité. Quelque soirée, cet hiver, quand nous serons bien tristes, bien tournés à la réflexion, je vous donnerai le passe-temps d'entendre un récit qui vous intéresserait si vous le trouviez dans un livre, mais qui vous fera concevoir une grande horreur pour l'espèce humaine. Combien les hommes sont cruels ! Les tigres sont de bonnes gens auprès d'eux. » A-t-elle lu, à vingt ans, les romans de Richarson et de l'abbé Prévost? Je n'en sais rien; mais elle en a ouï parler. Or, d'être une héroïne de tragédie ou de roman, pour une fille de vingt ans et qui a la tête prompte, c'est à coup sûr une épouvante; c'est aussi un sujet de vive exaltation. Et Julie n'était pas si raisonnable que de n'être aucunement flattée de son terrible privilège. Elle en aura, toute sa vie, le sentiment cruel et orgueilleux. Je me figure qu'à vingt ans elle en est jetée dans une rêverie aventureuse.

Et la voilà telle que la trouve bien séduisante, digne d'une pitié agréable et de quelque admiration, cette du Deffand qui, à l'extrémité de ses aventures, comme elle le croit, se plaint de n'avoir eu, quant à elle, « ni tempérament ni roman ». Puis Julie, jeune et qui a tant d'élan, lui paraît la nature même; et, pour une du Deffand qui s'est, tout au long de sa vie, tant éloignée de la nature, par un art et un artifice où elle a mis tout son génie, que la nature a de promesses et d'attraits ! Elle a senti sa frivolité lui réduire en poussière toute passion. Sa frivolité se penche avec émoi, envie peut-être, et sympathie, vers l'abondante et fervente nature. C'est ainsi que Mme du Deffand s'éprend de belle amitié pour Julie de Lespinasse.

Et, bonne aussi, très gentiment compatissante, la veut délivrer des conditions abominables de sa vie, la veut mettre au point d'épanouir la merveille de son âme; elle l'invite à lui être, à Paris, une compagne de tous les jours, la mieux traitée, la plus fidèle, et une amie.

Est-ce que Paris tente Julie de Lespinasse? L'effraye aussi. Elle hésite. Elle attend sa destinée; elle n'est pas sûre que l'appel lui en vienne de ce côté. Peut-être, avec tout son esprit et qui se mêle de ses sentiments, Mme du Deffand l'étonne-t-elle, à lui faire peur. Et despote, Mme du Deffand ! Julie de Lespinasse ne se résout pas vite. Et Mme du Deffand l'attire; les autres la retiennent et, quand elle va partir, lui mettent des bâtons dans les roues. Mme du Def-

fand sera plus maligne qu'eux; il faut pourtant agir sans faute. L'hésitation, les pourparlers et mille précautions durent des mois, durent encore après que Julie a quitté Champrond pour un couvent de Lyon; et Mme du Deffand ne renonce point à elle, la retrouve à Lyon, passe quelque temps à l'y rencontrer chaque jour, enfin l'y laisse, retourne à Paris et lui écrit : « Ma reine, faites vos paquets et venez... »

Elle vint, au mois d'avril 1754, qu'elle n'avait pas vingt-deux ans.

II

Et la voici, cette petite provinciale, en plein
Paris et tout de go dans le salon et dans la société
où il paraît le moins facile de s'établir sans timidité. Mais elle n'a aucune gêne. Ce qui pourrait l'humilier, du moment qu'on ne le sait pas
ou que, le sachant, on l'admet, ne compte pas,
ou la rend, à ses yeux même, une personne d'un
vif intérêt.

Le couvent de Saint-Joseph, où Mme du Deffand s'est retirée, est un agréable séjour, que
les religieuses n'attristent pas. Les appartements
de Mme du Deffand, la Montespan les occupa,
au siècle dernier, quand elle eut quitté la cour :
c'est dire qu'ils sont bien logeables. Tout Paris
connaît, par maints récits, le salon tendu de moire
bouton d'or que par endroits relèvent des nœuds
couleur de feu, et le tonneau, grand fauteuil
analogue à une guérite capitonnée, molle et jolie,

où se tient Mme du Deffand, ses chats sur ses genoux et autour d'elle; autour d'elle aussi se rangent hommes et femmes les plus fins au jeu d'une causerie belle comme une œuvre d'art qu'ils accompliraient ensemble et qu'ils auraient soin de ne jamais achever, tant leur en plaît le travail exquis. C'est là qu'il faut paraître; et l'on est célèbre le lendemain : Julie de Lespinasse ne se doute d'aucun péril et gagne aisément la partie, qu'elle n'a pas cru jouer.

Les amis de Mme du Deffand, c'est à cette époque le président Hénault, Mmes de Mirepoix et de Boufflers, MM. de Pont de Veyle, Chastelux, Marmontel, la maréchale de Luxembourg, le marquis d'Ussé, le chevalier d'Aydie, bien d'autres et, plus ami que tous les autres, d'Alembert. Lui, d'Alembert, n'a que trente-sept ans; les autres hommes ne sont pas jeunes, pour la plupart, et datent leur jeunesse de Mme du Deffant. Pont de Veyle a, comme elle, quelques années de plus que le siècle; le chevalier d'Aydie est amplement sexagénaire, Hénault septuagénaire, le marquis d'Ussé un vieillard. C'est la vieille troupe de Mme du Deffand, qu'elle conduit à sa guise et veut chez elle tous les soirs, dévouée à la divertir, admirablement dispose et munie de tout l'esprit le plus charmant, le plus désespéré, le plus hardi, le plus attrayant pour un monde blasé qui, las de rire de ce qui est gai, ne s'égaye plus que dans les sujets tristes et badine autour de l'universelle vanité. Mme du Deffand triomphe là; ses mots les mieux trouvés sont des merveilles de chagrin narquois.

Julie eut bientôt fait deux conquêtes, parmi ces vieux malins; et l'un qui se connaissait en amour, le chevalier d'Aydie, jadis l'amant de Mlle Aïssé, qu'il avait rencontrée, mais trente-quatre ans de cela, chez Mme du Deffand, maintenant une ombre et qui semblait l'environner encore. Il était, dit Mme du Deffand, plus sensible que tendre, mais tendre aussi : et la jeune Julie paraît l'avoir touché. S'en aperçut-elle? Sans doute; mais elle eut à le deviner parmi toutes les cérémonies dont il aimait à entourer les sentiments de son cœur. Et l'autre fut le Président; l'on dit même que l'idée lui vint d'une folie et que, si Julie l'avait bien voulu, il l'eût épousée : pour quoi faire?

Mlle de Lespinasse, au couvent de Saint-Joseph, n'est pas chez les nonnes, mais bien chez les vieux; et les hommages qu'elle reçoit, si elle n'en a aucun plaisir, ce n'est signe de rien, ni de rigueur, ni d'une sécheresse que dément la suite de son histoire. On se la figure, auprès de ces bonnes gens, flattée de leur plaire, attentive à leur montrer des égards, indifférente à leur empressement s'ils font mine d'être charmés. Elle est jeune. Ils aiment sa jeunesse et volontiers s'en approchent : ils ne savent pas que sa jeunesse, entre eux et elle, est tout un monde qui les sépare. Ils croient que leur célébrité, leur bel état de nom, de fortune et fût-ce de gloire, compense leur vieillerie, équivaut à son attrait: pas du tout ! c'est où ils se trompent. Ils le virent, et à leur dam, en 1757, qu'un Irlandais, M. de Taaffe et qui parut chez Mme du Deffand, n'eut pas besoin de leur prestige et sur-le-champ, n'étant que jeune, émut beaucoup Mlle de Lespinasse.

On ne sait presque rien de lui; peut-être n'y a-t-il rien à en savoir et Mlle de Lespinasse n'eut-elle qu'à remarquer sa jeunesse pour le trouver aimable. Il était venu, amené par un de ses amis, et revint chaque jour, comme voulait Mme du Deffand que l'on fût assidu chez elle. Seulement, elle voulait que ce fût pour elle: et, si elle ne le vit pas, elle apprit par les jaloux que M. de Taaffe, durant ses visites, ne s'occupait que de Julie, elle de lui. Julie, on l'avait jusque-là connue douce et docile à Mme du Deffand : soudain, Julie n'est plus la même et se fâche. On ne l'avait pas encore vue amoureuse; et la voici, une diablesse. Mme du Deffand lui fait une scène, beaucoup trop vive. Pourquoi? Se méfie-t-elle de tout l'éclat, de tout le feu que Julie mettra dans ses amours? Elle n'en sait rien, ni Julie au surplus, car c'est le premier essai, le prélude encore hésitant, de cette amoureuse à qui son génie ne se révéla que tardivement. Non, la colère de Mme du Deffand lui vient d'un autre sentiment que maternel, en quelque sorte, et d'une espèce de jalousie : elle entend que son visiteur soit le sien. Quand elle a pris chez elle Mlle de Lespinasse, elle l'a dûment avertie d'une exigence qu'elle aurait et que voici comme elle la lui présenta: « Il y a un article sur lequel il faut que je m'explique avec vous, c'est que le moindre artifice, et même le plus petit art, que vous mettriez dans votre conduite avec moi, me serait insupportable; je suis naturellement défiante et tous ceux en qui je crois de la finesse me deviennent suspects au point de ne pouvoir plus prendre aucune confiance en eux... » Elle se connaît et sera telle exactement qu'elle l'a dit. Julie, en esquissant un petit épisode amoureux avec M. de Taaffe, s'est cachée d'elle et lui a fait une finesse, qui est ce qu'elle déteste le plus au monde.

Mais Julie, cette fois, supporte mal la remontrance. Elle a tort; et on lui déclare que désormais, quand paraîtra M. de Taaffe, elle devra se retirer dans sa chambre. Elle s'y retire incontinent et, de fureur, avale une telle dose d'opium qu'elle en faillit mourir. Elle fut prise de convulsions; et Mme du Deffand, près du lit de cette mourante, fondait en larmes : « Il n'est plus temps, madame ! » répliquait Julie. Comme elle avait résolu de mourir, elle s'attendit que ce fût chose faite. Une telle crédulité est la preuve de son esprit romanesque. Et elle ne mourut pas, la destinée ayant sur elle d'autres vues.

Mme du Deffand pria M. de Taaffe de retourner en Irlande. Il s'aperçut qu'il le voulait bien et que l'amour que lui avait inspiré Mlle de Lespinasse était docile aux voix de la raison. Plus tard, écrivant à Mme du Deffand, il la remercia des sages conseils qu'elle lui avait donnés.

Quant à Julie, du moment qu'elle n'était pas morte d'amour, aidé même de l'opium, elle prit son parti de vivre et d'attendre. Elle arrivait à vingt-cinq ans. Elle était encore jeune; et la jeunesse, en vérité, n'est que d'attendre. Je ne sais pas ce qu'elle attendait; je ne sais pas si elle le savait. On ne lui voit guère de hâte: elle ignore, à ce qu'il semble, que la destinée lui réserve un rôle de grande amoureuse. La destinée aussi ne paraît pas bien sûre de son projet et, pour le moins, s'est trompée dans l'épisode où M. de Taaffe ne fait que petite figure. La destinée recommencera : elle a le temps pour elle, efface promptement ce qu'elle a esquissé ; la prochaine fois, mais qui n'est pas si pro-

chaine, elle aura mieux préparé son intrigue.

Cependant, un autre amour, et bien fervent, s'est allumé, pour Mlle de Lespinasse, dans un cœur digne de son attention; mais, à tant d'amour, elle ne répond que par une simple amitié.

C'est d'Alembert qui, dès le premier jour qu'il l'a vue, s'est pris à l'aimer. Il était l'un des plus jeunes de la coterie de Mme du Deffand; mais il avait, en 1754, trente-sept ans, qui lui faisaient quinze ans de plus que Julie. Un étonnant garçon, la gaieté même, en apparence, une gaieté qui allait à quelque bouffonnerie volontiers, qui le faisait trouver pareil à un Italien plutôt qu'à un Français. Il n'avait pas grand soin de son costume ni de l'arrangement de ses cheveux. Il abusait de son talent pour les imitations; mais il plaisait d'autant plus, dans la singerie de personnages célèbres, qu'on le savait un admirable géomètre, un homme de génie, très sérieux, et que le monde s'amuse vivement à voir les gens très différents d'eux-mêmes. Petit de taille, doux et aimable de manières, un peu bohème, avec décence et politesse, il se donnait ce dehors de gaieté qui lui gardait et préservait son véritable caractère, une sensibilité exquise, un don caché de rêverie, un désenchantement timide et, en dépit de tout, une espérance.

Il était ami de Mme du Deffand, qui l'avait

deviné, qui l'avait secondé, mis dans le monde et préparé à ses victoires. Il répondait bonnement à ses bontés." Pour l'incliner vers Mlle de Lespinasse, les circonstances ajoutaient à un attrait de cette jeune fille l'analogie de leurs naissances, tous deux enfants de l'amour et de l'adultère, dignes de plus de chance; et Mme de Tencin n'a pas suivi sa faute comme, Mme d'Albon, la sienne : mais à tous deux Mme du Deffand survint à la bonne heure.

D'Alembert, on prétend que ses amours ne font de mal à personne et que la nature l'a destiné à l'innocence. Il a aimé la petite Rousseau, fille de la bonne femme qui fut sa nourrice, et l'a laissée telle que Dieu l'a faite. Une de ses admiratrices, bien exubérante, disait de lui : « C'est un dieu ! » Une railleuse répondit que non; que, s'il était dieu, il commencerait par se faire homme. Là-dessus, M. de Formont, qui était son ami et galant homme, lui écrivait ce que disait Mme de Chaulnes, que, même dans un sérail, il traînerait une éternelle enfance. Je n'en crois rien, précisément parce que M. de Formont le lui raconte sans nul embarras. M. de Formont plaisante et ne plaisanterait pas si d'Alembert était ridiculement infirme. Je crois que d'Alembert ne se montrait pas, ne l'étant pas, un faune; il travaillait beaucoup, menait une vie tranquille et rangée: il ne semblait pas, ne l'étant pas, fort allumé de concupiscence, voilà tout.

Peut-être avait-il aussi quelque timidité, une gentille manière de n'aller pas tout de suite au plus vif. Cela put encourager Mlle de Lespinasse, une jeune fille, à compter sur l'amitié qu'il lui témoignait. S'il l'aima bien davantage, elle n'eut point à s'en apercevoir ou le put feindre, si elle s'en aperçut. Et la modestie gracieuse qu'il avait put être cause qu'elle ne l'aimât point d'amour: il ne parlait que d'amitié; cause ou excuse. Et vous avez tant de réserve qu'en vous donnant un peu l'on croit déjà vous contenter; c'est votre faute. D'Alembert a aimé Mlle de Lespinasse; en retour, elle ne lui a donné qu'une amitié, que son amour trouvait charmante, et qui offensait Mme du Deffand, jalouse au delà de ce qu'on vit jamais.

Si l'on veut comprendre un peu cette jalousie, dont le premier tort est d'aboutir à une sorte d'exigence presque méchante, il faut songer aux souffrances que cette pauvre femme endure, de n'être plus jeune et d'être aveugle, de craindre qu'on ne la délaisse et, comme la solitude l'effraye, l'idée qu'on lui ravisse l'un de ses fidèles lui devient un supplice. Tout l'esprit qu'elle a, et qui est splendide, mais dans la splendeur même une tristese, étant l'esprit le plus désespéré qu'il y ait eu, ne la dispense pas d'être bien misérable, douillette aussi et, plus douillette, plus misérable.

Or, ce n'est pas une raison de plaindre peu Mlle de Lespinasse. Mme du Deffand la tient et garde et ne lui laisse aucune liberté de cœur ou d'allure. Julie écrit à une de ses amies : « Je ferais bien mon marché de ne jamais sortir et de ne jamais voir que cinq ou six personnes qui sont plus ou moins nécessaires à mon plaisir ou à mon bonheur. Mais j'admire, ou plutôt je m'afflige, en voyant de quoi mes journées sont remplies. Elles ne le sont que de contraintes et de privations. A peine m'arrive-t-il dans un mois de faire une chose par choix, et je vous assure qu'il ne se passe guère de moments où je n'aurais une volonté ou un goût à satisfaire. » Elle a une vie sans cesse tracassée par le caprice et l'amitié aussi de sa bienfaitrice, et qui est sa tante, qui ne lui est de rien du moment que les cœurs vont au moins à l'indifférence. De l'indifférence, ils passeront à une haine déclarée, qui déjà n'est pas loin.

Mme du Deffand n'aime plus d'Alembert, ou ne l'aime qu'avec défiance, qui pour elle n'est pas aimer. En 1760, à propos d'une malice qu'elle lui a faite et ne lui aurait pas faite jadis, elle a une petite brouillerie avec lui; et la brouillerie s'envenime, par la revanche que prend d'Alembert un peu plus tard quand Palissot fait jouer sa *Comédie des Philosophes* qui met la bisbille dans tout Paris. La brouillerie est suivie d'un accommodement. Mme du Deffand garde parmi ses familiers ce d'Alembert : ce n'est que pour faire une économie de ses familiers. Lui, d'Alembert, s'il continue à venir chez sa vieille amie, ce n'est que pour y voir Mlle de Lespinasse; elle est, sinon la cause, l'occasion de tout cela.

En 1763, à la sotte manière des Philosophes, d'Alembert va complimenter le roi de Prusse de nous avoir battus à Rossbach et de nous avoir infligé une paix humiliante. Il reste à Berlin trois mois, durant lesquels il écrit à Mlle de Lespinasse sur le ton de l'amitié; il n'adresse à Mme du Deffand qu'un billet plus cérémonieux que bien aimable et sur un ton qu'il est facile de voir qu'il s'acquitte d'une corvée. Mais, le 6 janvier 1764, Voltaire écrit à Mme du Deffand : « Avez-vous le plaisir de voir souvent M. d'Alembert? Non seulement il a beaucoup d'esprit, mais il l'a très décidé. » Elle lui répond : « Je vois assez souvent d'Alembert; je lui trouve, ainsi que vous, beaucoup d'esprit. » C'est tout ce qu'elle dit, et sèchement. Nous voici à peu de semaines du drame ou, plus simplement, de l'esclandre.

Mme du Deffand recevait à partir de six heures; ses amis arrivaient à peu de distance les uns des autres. Mlle de Lespinasse avait sa chambre au-dessus des appartements de Mme du Deffand. D'Alembert, qui préférait sa compagnie à celle des vieux que Mme du Deffand recevait, montait parfois, et puis ce lui devint une habitude, à l'étage de son amie la plus jeune; il passait volontiers une heure ou deux auprès d'elle avant de descendre au salon. Bientôt Marmontel, Chastellux et Turgot l'accompagnèrent chez Julie. De sorte qu'il y eut deux salons : celui d'en haut n'était pas la succursale, mais la concurrence de l'autre. Et, bien entendu, Mme du Deffand n'en savait rien: diable ! il fallait qu'elle n'en sût rien.

D'Alembert, Marmontel, Chastellux et Turgot, c'étaient les jeunes du salon de Mme du Deffand: d'Alembert, qui avait quarante-sept ans, Marmontel quarante et un, Turgot trente-sept et Chastelux trente à peine. Les jeunes se sont mis en révolte sournoise et imprudente. Ils comptent que leur vieille amie ne sera pas informée de leur audace; ils ne font rien que d'innocent, mais dangereux. Un jour, vers la fin d'avril, leur vieille amie découvrit tout. Et figurez-vous sa colère ! Sa triste colère, absurde, mêlée de chagrin.

On lui chaparde ses amis; on la veut réduire à la solitude, qui lui est pire que la mort. On n'a pitié d'elle, ni gratitude. Et la trahison de Mlle de Lespinasse est d'un serpent qu'il ne fallait pas réchauffer dans son sein. Appelée auprès de

Mme du Deffand, Julie subit un rude assaut de reproches; et que répondre? Mme du Deffand n'attendait pas mieux d'elle et, tout net, lui signifie sa volonté d'être longtemps sans la revoir. Quelques jours après, par un billet d'un grand respect, Julie demande que le délai soit abrégé : Mme du Deffand s'y refuse. Elle ne croit pas que Julie soit revenue à de meilleurs sentiments. Plus tard, peut-être : ah! qui le sait? « Un retour sincère pourrait me toucher et réveiller en moi le goût et la tendresse que j'ai eus pour vous; mais, en attendant, mademoiselle, restons comme nous sommes et contentez-vous des souhaits que je fais pour votre bonheur. » C'est bien écrit, et sévèrement.

Don Quichotte se fit un sabre de bois; il l'essaya contre un rocher. Ce ne fut pas le rocher qui souffrit, mais le sabre qui fut brisé. Don Quichotte se fit un autre sabre de bois; mais, dit Cervantès, il eut soin de ne pas l'essayer... Dans nos colères et dans l'émoi de nos grandes passions, nous ressemblons à Don Quichotte, par l'imprudence; mais, au premier camouflet que le sort nous inflige, nous devenons beaucoup plus sages. Mme du Deffand, lorsqu'elle eut tout cassé entre elle et Julie, s'adressant à d'Alembert, le pria de choisir entre elle et cette méchante. Et d'Alembert, supposons-le, s'excusa; mais l'imprudente exigea qu'il se déclarât, sans politesse ni feinte, pour l'une ou l'autre. Il se déclara pour Julie. Dont Mme du Deffand dut frémir. Avertie ainsi du danger qu'il y avait à se montrer catégorique, elle évita de mettre à ses autres amis le marché à la main, trop heureuse s'ils demeuraient fidèles à ces deux femmes ennemies, et par là infidèles à l'une et à l'autre, mais un peu assidus chez elle.

Julie n'attendit pas aucun délai. La réponse qu'elle avait reçue à sa bonne petite lettre la résolut de ne pas rester une semaine de plus à Saint-Joseph. On l'éconduisait : elle partit assez fièrement. Tout le monde lui donnait raison; dans ce conflit, au bout du compte, elle avait partie gagnée : cela lui rehaussait joliment sa gloire.

Elle trouva un logement de deux étages, le deuxième et le troisième, dans la maison d'un maître menuisier, pour un loyer de neuf cent cinquante livres et quarante-deux livres dix sols de contribution aux gages de la concierge. Une petite maison qui n'était pas mal et qui, en face du couvent dit de Bellechasse, avait son entrée rue Saint-Dominique, tout près de ce couvent de Saint-Joseph où elle vient de passer dix ans de sa vie, sans contentement les derniers temps, mais où elle a conquis sa renommée, la force et l'agrément de son esprit.

III

Julie, vous avez trente-deux ans bientôt, qui est encore la jeunesse. Mais enfin, Julie, vous êtes paresseuse ; et, pour qui doit faire une carrière de grande amoureuse, il serait temps de s'y mettre. Vous quittez Mme du Deffand, qui commençait de vous gêner : je vous complimente et vous prie de n'être plus lambine. Supposons qu'un accident le plus fâcheux tranche ici, à vos trente-deux ans bientôt, le fil de vos jours : il n'est désormais aucunement question de vous et l'oubli s'empare de votre personne sans nous laisser aucun regret. Vous préludez, je vous entends; mais je blâme votre lenteur. Allons, Julie !...

Elle s'installe, dans la maison du menuisier, d'une manière assez jolie. Elle n'est pas riche; mais, ne fût-ce que pour taquiner Mme du Deffand, Mme Geoffrin lui vient en aide. Et Julie aura des rideaux de soie cramoisie aux fenêtres de son salon, sa chambre à coucher tendue de damas rouge, de beaux meubles... Allons, Julie, dépêchons-nous !

Bah ! la voilà prise de la petite vérole. Un moment, l'on craint qu'elle n'en meure. D'Alembert ne quitte pas beaucoup son chevet, la soigne de son mieux. Elle se guérit. Mais, si déjà elle n'était pas la beauté même, il faut en prendre son parti, elle a maintenant le visage grêlé. Ce n'est pas pour avancer les choses. Vit-on jamais pareille maladresse, ou pareille infortune ? En tout cas, cette Julie, lente d'abord, et puis la figure gâtée encore, est à désespérer le lecteur. Elle m'apitoie ; elle me fâche.

Cependant, elle est guérie ; alors, d'Alembert tombe malade. Inflammation d'entrailles ou fièvre putride, on n'est pas sûr de le sauver. Et Julie le soigne à son tour. Elle fait bien, de le soigner : je ne le lui reproche pas. Elle lui rend sa politesse ; ou, parlons mieux, elle lui rend une amitié qu'il aurait mérité qui fût de l'amour.

Mais ce n'est que de l'amitié, tendre et gentille : ce n'est pas de l'amour. D'Alembert se guérit lentement. Il est mal logé, dans une soupente, chez la bonne femme qui a été sa nourrice. Le médecin lui ordonne d'avoir de l'air autour de lui, de l'espace, un meilleur arrangement de son existence. Il va passer le temps de sa convalescence chez son ami le financier Wate-let. Et ensuite? Il va demeurer chez Mlle de Les-pinasse. Elle a deux ou trois chambres qu'elle n'utilise pas, au troisième étage de la maison du menuisier: elle les loue à son bon ami d'Alem-bert, sans plus de façons. Et ils vont demeurer ensemble, repas en commun, pareille habitude et même vie de tous les jours.

Est-ce que cela me choque? Tous leurs amis approuvèrent le géomètre et la bien respectable demoiselle. Au surplus, cela ne me choquerait pas, si Julie était la maîtresse de d'Alembert, comme le crurent certaines gens qui n'en furent pas offensés. Non, cela ne me choquerait pas, si Julie aimait d'Alembert, si elle avait pour lui ce grand amour qui doit la classer grande amoureuse. Pas du tout! Alors, je n'approuve pas ce mé-nage qui n'en est pas un, ce faux ménage qui n'est ni faux ni un ménage et qui n'aura pour effet que d'ajourner encore les débuts de Mlle de Lespinasse dans sa carrière de grande amoureuse. A quoi pense-t-elle? Et l'installation de d'Alem-bert dans la maison de la rue Saint-Dominique nous mène à l'automne 1765, que Julie a trente-trois ans.

Elle est contente. Elle a dit plus tard que c'é-tait le temps le meilleur de sa vie. Bon! Mais elle tourne, avec son d'Alembert qui ne lui est de rien, si étrange que cela semble, à une espèce de bourgeoisie. Elle s'installe; et, d'être fort bien reçue, avec son d'Alembert, chez Mme Geoffrin, c'est une joie, pour elle, et un triomphe. Quand je dis que son d'Alembert ne lui est de rien, ai-je tort ? Elle l'appelle, pour s'amuser, son secrétaire. Elle l'emploie ainsi et, souvent, lui dicte ses lettres. Une des lettres qu'elle lui dicte est pour Condorcet, qui reconnaîtra l'écriture; elle la date comme suit : « Ce mardi, du bain où je suis. » L'on a beau nous dire que sa baignoire, en cuivre rouge, était « en forme de sabot », couverte d'une planche, et ne laissait voir que la tête, je n'en demande pas davantage; néanmoins, il est évident que, pour avouer ainsi la présence de d'Alembert auprès de sa baignoire, il faut qu'elle n'attache aucune importance au géomètre son ami.

Elle a bientôt un salon ; d'Alembert en est le personnage principal : elle sait que, sans d'A-lembert, son salon n'aurait pas grand monde. Mais, avec d'Alembert, ledit salon prospère au point qu'on l'appelle « le laboratoire de l'Ency-clopédie ». Le laboratoire aussi de l'Acadé-mie, ou la couveuse de ses candidats. Elle tire une grande fierté de faire entrer ses amis dans cette compagnie fameuse. Elle a raison ; mais, quoi ! ce n'est pas là que nous l'attendions.

Elle suit la mode et, puisque la mode l'y engage, elle fait grand cas de M. David Hume.
Elle a des idées, comme on dit, un peu avancées:
les idées du jour. Elle est extrêmement casanière
et trouve une histoire de sortir le moins du
monde. Son dérangement principal, et presque
le seul, est de déjeuner le lundi et le mercredi
chez Mme Geoffrin, avec d'Alembert. On ne les
invite plus l'un sans l'autre.

Voilà une bonne petite existence, où elle
brille, parce qu'elle a de l'aménité, de l'esprit,
du charme, et d'Alembert. Une existence qui
est un succès pour une personne comme elle, dont
les commencements n'ont pas été faciles. Et je
veux bien qu'elle soit contente ; mais je l'attends à d'autres entreprises, qu'elle n'a seulement pas l'air d'entrevoir — et le temps passe —
jusqu'à la fin de l'année 1766, qu'elle a trente-
quatre ans sonnés. Elle vieillit, à se faire attendre.

Mais voici M. de Mora.

C'est un jeune homme. Il a vingt-deux ans à
peine passés ; il a douze ans de moins que
Mlle de Lespinasse. Si l'on avait envie de rire,
on se dirait que Julie, quand nous lui repro-
chions de se faire attendre, elle attendait que
M. de Mora fût un adolescent, puis un homme.

Elle ne le connaissait pas, ne savait pas qu'il existât : mais ce n'est pas nous qui arrangeons notre vie, c'est la destinée. La destinée donnait à Julie une longue patience et donnait à M. de Mora beaucoup de hâte, afin qu'il pût, en quelque sorte, rattraper Mlle de Lespinasse, qui avait pris les devants. La destinée le marie à douze ans, lui donne une fille à dix-sept ans et, pour maîtresse, l'année suivante, une comédienne, Mariquita Ladvenant, belle à merveille et qui mourra en odeur de sainteté, ou peu s'en faut; elle lui donne aussi un rival, de sorte qu'il devra quitter sa belle Mariquita, mais il aura jeté sa gourme. La destinée lui donnera encore un fils et aura soin que meure en couches Mme de Mora, de façon qu'à vingt ans à peine passés ce Mora, veuf et délivré de tous ses devoirs, paraisse admirablement libre et fort à point pour l'aventure où Julie l'appellera.

Il est fils d'un très grand seigneur et grand d'Espagne, le comte de Fuentès, de la maison des Pignatelli d'Aragon, ambassadeur du roi catholique, d'abord à Londres, puis à Paris et en faveur très remarquée auprès de Louis XV. Il est le gendre du comte d'Aranda, l'un des fameux hommes d'État de Castille, et qui passait en France pour philosophe et, comme tel, en faveur très remarquée auprès de l'Encyclopédie.

Est-ce tout ? Il est beau. On le trouve un « superbe garçon », vigoureux, élégant, des yeux noirs, et qui font rêver les jeunes filles et les femmes. Il est officier dans l'armée de son pays, dès l'année de son mariage; et, quand il a rompu, en galant homme, avec Mariquita Ladvenant, on l'a nommé, pour le consoler, colonel du régiment de Galice. Voilà M. de Mora. Si Julie, dès qu'elle l'aura vu, ne l'aime pas, que lui faut-il ? Mais le verra-t-elle ?

A l'automne 1764, il vient à Paris, retrouver son père l'ambassadeur, deux mois seulement après qu'a trépassé la jeune Mme de Mora, qui n'était pas belle ni attrayante, n'ayant que deux dents et fort noires. A Paris et à Versailles, il s'amuse, comme s'il avait grand besoin de s'étourdir : c'est ainsi une sorte d'hommage qu'il rend à sa défunte épouse. Il a un vif succès à la cour et aux environs. Il parle français à merveille ; il a eu pour précepteur un abbé de Garanne, français, qui l'a bien élevé.

Que ne rencontre-t-il Mlle de Lespinasse ? Nous allons désespérer d'elle. La même année que M. de Mora perd sa femme, et à trois ou quatre mois de distance, elle a quitté Mme du Deffand; il est venu à Paris, elle s'est installée chez elle. Alors ? Qu'est-ce qu'elle attend? Elle se meuble ; elle a cette petite vérole tout à fait inopportune ; et elle soigne d'Alembert, le prend chez elle. Et puis?... Deux ans passent encore, plus de deux ans : deux ans et deux mois, d'une incroyable nonchalance.

Ils se virent enfin. Je ne sais point où ce fut, ni tout au juste à quelle date, mais peu de jours avant le 19 décembre 1766 qu'elle écrit au baron d'Holbach, à ce baron probablement, et lui écrit qu'elle a en vérité « la tête pleine » et « le cœur plein » d'un jeune Espagnol, le plus charmant qu'il y ait au monde. Il porte la bonté sur son visage, et l'agrément, et la confiance, et l'amitié ; l'esprit ? le plus riche « de traits et de lumières » ; et le cœur? « ah ! quel cœur ! » Elle n'en finit pas de raconter son jeune Espagnol et, parmi tant de mots qu'elle répand, ne dit pas un mot qui le caractérise. Toutes les louanges qu'elle lui accorde et lui prodigue ne le peignent pas, ou ne le peignent qu'en montrant le trouble et le délire où il a laissé Mlle de Lespinasse. Elle croit qu'elle a vu l'âme du jeune Espagnol « jusqu'au fond ». Bref, dit-elle, « cet homme remplit l'idée que j'ai de la perfection ». Elle ajoute : « Ah ! si vous saviez combien cette âme honnête a touché la mienne ! » Je vois, je vois ! se dit, en lisant, d'Holbach ou un autre baron. Mais elle ajoute encore : « Si ce n'était pas un homme, je vous en dirais davantage, car n'allez pas croire que cette amitié aille jusqu'à l'amour. » Ici, le baron, d'Holbach ou un autre, sourit.

Voilà comme, à la première vue, Mlle de Lespinasse aime d'amour M. de Mora. Et lui ? Je n'en sais rien. Il n'y a pas un mot de lui, un mot de personne et qu'on ait conservé, qui nous apprenne si d'abord il a trouvé Mlle de Lespinasse très surprenante et digne d'un amour pareil à celui qu'elle a pris pour lui, sans peut-être qu'il s'en doutât.

Laissons-lui le temps de s'en apercevoir ? Ah ! mais non ; car, peu de jours, une quinzaine de jours après qu'ils se sont vus pour la première fois, et peut-être avant qu'ils ne se revoient, M. de Mora quitte Paris.

C'est une malchance ! Et, pendant qu'il sera loin d'elle, Mlle de Lespinasse, qui allait enfin s'élancer à son amour, deviendra encore un peu moins jeune. Où va-t-il ? En Espagne. Le congé dont il profitait à Paris, depuis deux ans, s'achève. Et, à Madrid, on le réclame. En outre, ses parents s'étaient mis en tête de le remarier, lui proposaient, lui voulaient infliger, pour seconde épouse, une Pignatelli, sa cousine. Mais il n'en était pas curieux. D'où venait une bisbille, entre ses parents et lui, que terminait son départ.

S'il ne veut pas de la demoiselle Pignatelli, ce n'est pas qu'il se réserve pour la demoiselle de Lespinasse : il n'a fait que l'entrevoir et la quitte sans difficulté.

A Madrid, où se trouve alors son régiment, M. de Mora est l'objet de l'admiration générale. « Miracle de son pays » et « le plus grand des grands d'Espagne » sont les noms que lui donnent ses amis fort nombreux. L'on attend qu'étant philosophe, à la mode française, il fasse bientôt fleurir la philosophie en Espagne. Mais, lui, s'ennuie. Et, le 1ᵉʳ avril de cette année 1767, meurt, qui l'attriste beaucoup, Mariquita Ladvenant. Il écrit, sur cette mort, une élégie et ne se console que tout juste assez pour jouer la comédie dans les salons élégants, notamment chez don Pablo Olavide, où il rencontre la jeune duchesse de Huescar, veuve, belle, sensible et intelligente. Il est, dans la comédie, son amoureux ; il le devient, dans la réalité. Elle se résout d'obtenir qu'il la veuille épouser. Il le voudrait. Son père, le comte de Fuentès, ne le veut pas et, afin de séparer les amoureux, il obtient du ministre de la guerre, Gregorio Munian, que le régiment de son fils soit envoyé en Catalogne avec son fils.

Puis, le 5 juillet de cette même année, le petit garçon de M. de Mora, qui est né il y a trois

ans et demi quand mourait Mme de Mora, meurt
chez les Aranda. M. de Mora en éprouve un affreux chagrin. M. de Mora, dans son affreux
chagrin, supporte si amèrement la solitude qu'il
décide de retourner à Paris... Ah! quel
bonheur! il n'est donc pas perdu pour Mlle de
Lespinasse?... Il retournerait à Paris sans retard, s'il était son maître. Il ne l'est pas. Il faut
qu'il obtienne, du ministre de la guerre, un
congé. Il l'obtient. Mais il a des difficultés avec
les Aranda, qui retardent son départ. Il arrive
pourtant à Paris au mois d'octobre.

Il est bien triste et, à cet égard, bien changé.
Il écrit à un de ses amis : « Je suis né malheureux, et je n'ai qu'à subir mon sort... Ami, je
suis jeune ; mais personne, si âgé qu'il soit, n'a
subi de plus dures et plus nombreuses expériences
du monde que moi. Je crois que je le connais et
je sais que je le méprise. » Et, faisant allusion à
un frère cadet de son ami, lequel est à Madrid
et s'y amuse, il ajoute : « En fin de compte,
n'est-ce pas ce qui importe le plus en ce
monde? » Est-ce la mort de son petit garçon qui
l'attriste à ce point? Sans doute cette mort l'a-
t-elle vivement affligé, quoiqu'il ne vît pas très
souvent cet enfant que ses beaux-parents lui éle-
vaient en son absence. Mais il y a, semble-t-il,
dans sa mélancolie autre chose, qu'on ne devine

pas, qui est peut-être le commencement de la maladie, — car il tient de sa mère une affection de poitrine dont il mourra très jeune, — qui est peut-être aussi une sorte de lassitude, le découragement qu'éprouvent parfois les grandes âmes devant leur destinée. L'on aperçoit du romantisme, dans ces plaintes. En le disant, je ne les donne pas à croire peu sincères : romantisme n'est pas mensonge, mais exaltation de l'âme et, dans la déraison même, son aveu.

Mlle de Lespinasse, le 3 janvier 1768, écrit à l'un de ses amis : « Quand j'étais jeune, je me livrais *à esprit perdu* à toute ma sensibilité. J'en ai pensé perdre la vie ; il m'en a coûté la santé ! J'en suis venue à une situation plus douce, à une disposition plus calme ; et j'ai vu que la vie pouvait n'être pas insupportable, qu'il fallait s'étourdir, s'amuser, si l'on pouvait, et ne s'attacher fortement à rien... » Ce n'est pas gai non plus.

L'analogie de ce que dit là Mlle de Lespinasse et de ce qu'a dit M. de Mora, que de s'amuser est ce qui importe le plus en ce monde, me fait penser qu'elle et lui se voyaient alors, que ces idées de frivolité mélancolique passaient dans leurs causeries, venant de lui, adoptées par elle, et que son âme à elle se nuançait docilement et volontiers des teintes qu'il avait à la sienne. Ainsi

commence, bien souvent, l'amour, par une influence que l'on subit de l'autre avec plaisir.

Mais ce que dit Mlle de Lespinasse, qu'elle
est si calme et non pas livrée à tout ce qu'elle a
de sensibilité, qu'il ne faut s'attacher fortement à
rien — ni à personne? — me fait croire qu'ils
ne sont pas encore, elle et M. de Mora, en plein
amour. Ou bien ne dirait-elle pas la vérité, dans
sa lettre à un ami? Elle est toujours la vérité
même, Julie !

Sans doute se voyaient-ils beaucoup, cet hiver-là, se plaisaient-ils ensemble et formaient-ils
une tendre amitié !

Plus tard, après la mort de M. de Mora,
Mlle de Lespinasse ne manquera pas de dater le
début de leur amour — et certes elle ne ment
pas, mais embellira de grand cœur son histoire
et ses souvenirs, — du premier jour qu'ils se
sont vus à l'automne 1766. Je crois que leur
amour s'est préparé de loin, peu à peu, et lentement.

Les témoignages n'existent plus. L'on n'a
point leur correspondance. Les lettres de Mlle de
Lespinasse, la famille de M. de Mora les a brû-
lées. Et les lettres de M. de Mora? Julie en a
montré un jour quelques-unes à son ami
M. Suard ; mais, en les lui montrant, elle le
priait de songer que M. de Mora n'était pas

français, qu'en outre il écrivait « avec rapidité et négligence » ; gracieux souci d'une amante qui ne veut pas que l'on reproche à son bien-aimé aucune faute et fût-ce contre la grammaire. Il est probable que, pour cette fine raison, Julie détruisit, ou commanda qu'on le fît à sa mort, les lettres qu'elle avait reçues de M. de Mora.

Jusqu'où alla donc l'amitié sur le chemin de l'amour, et puis l'amour à devenir le grand amour, cette saison-là ? Je serais en peine de le dire. Et, comme cet amour a duré plusieurs années, je n'ai pas tort, pour le récit, d'en ménager les effets et les épisodes.

M. de Mora n'avait point de congé plus tard que la fin de mai. Il n'attendit pas le dernier moment et partit le 26 avril. C'est une raison pourquoi je suppose que le grand amour n'était pas encore au délire : ou bien M. de Mora se fût gardé (ou je me trompe) d'en perdre quelques jours.

Son ami — son ancien rival auprès de Mariquita Ladvenant, mais ils n'avaient plus de rancune, — le duc de Villa Hermosa, le priait de l'accompagner, avant qu'il ne gagnât l'Espagne, à Ferney où les recevrait M. de Voltaire. Il fallait ainsi partir un peu plus tôt ; et M. de Mora y consentit, comme en plein amour il ne l'eût pas fait. Julie aussi, en plein amour, se

fût-elle résignée à ce départ prématuré? Je crois
que non. Et la voici tout occupée à préparer le
mieux du monde cette visite de son cher M. de
Mora au patriarche de Ferney.

Elle veut qu'il soit bien reçu, et d'une façon
digne de ses mérites, et d'une façon digne des
sentiments qu'elle a pour lui. Elle ne connaît pas
M. de Voltaire. Mais d'Alembert le connaît.
Et elle charge d'Alembert de cet ouvrage. On
dira que ce n'est pas gentil, que ce n'est pas bien
délicat : pauvre d'Alembert qui, pour elle, a
tant d'amour, et qu'elle emploie au service de
l'amoureux plus favorisé ! Julie, en telle aventure, n'a point de vergogne ; et, plus elle sera
livrée à son amour, moins elle y aura de jolis
scrupules. Lui, d'Alembert, la bonté même et
la simplicité, non d'un amant, mais d'un mari !
le dévouement, le sacrifice et la crédulité d'un
pauvre homme !

Il écrit à Voltaire, sans que Julie ait à l'en
supplier. Il lui présente, de bien bon cœur, ce
« jeune Espagnol de grande naissance et du plus
grand mérite », un esprit net et juste, éclairé; ce
n'est pas tout, mais gendre du comte d'Aranda
« qui a chassé les jésuites d'Espagne » ! Que
dire encore?... Un grand seigneur, et qui n'aime
pas les jésuites : Voltaire le reçut à merveille,
et son ami le duc de Villa Hermosa. Il les

garda chez lui trois jours, leur prodigua tous les plaisirs, et son esprit.

Les différents personnages de cette aventure d'amour prennent leurs positions, chacun la sienne : l'amant qui s'en va, et qui s'en ira sans cesse; Julie, elle, qui ne bouge pas, qui regrette son bien-aimé, qui pourtant le laisse partir ; et d'Alembert, qui se laisse tromper.

L'amant va rester en Espagne toute une année, plus d'une année. Que devient Julie, pendant ce temps-là? Elle attend et, pour tromper les ennuis de l'attente, elle se divertit comme autrefois.

IV

Le 20 juin 1769, M. de Mora fait sa rentrée dans Paris. Il a quitté Madrid le 2 juin et voyage magnifiquement : quatre carrosses, quinze chevaux, de l'apparat : c'est qu'il amène à Paris Maria Manuela Pignatelli, sa sœur, qui, la veille de son départ, épousait au palais du comte d'Aranda le duc de Villa Hermosa, mais en l'absence de ce duc. Le mariage s'est fait par procuration; le comte d'Aranda représentait le fiancé. M. de Mora s'est chargé de remettre l'épouse aux mains de l'époux. Il a, pour la circonstance, un congé, qui est la chose qu'il paraît avoir le plus recherchée, dans le service de son régiment. Il passera sept ou huit mois à Paris.

Et il revit Mlle de Lespinasse. Elle n'était pas loin de trente-sept ans, cette fois, et l'attendait. Imaginons à notre fantaisie leur rencontre:

les documents ni ne nous aident, ni ne nous
gênent, à l'imaginer ; il n'y a point de documents, c'est dommage. Ils s'aimaient encore, et
de mieux en mieux. Sans doute faut-il placer
ici les mentions et les louanges que fit plus tard,
cinq et six ans plus tard, de leur amour et de sa
ferveur, Mlle de Lespinasse. Et il est vrai que ce
ne sont alors que souvenirs, mais vifs et chaleu-
reux. Elle était, je crois, de ces personnes qui
ont la mémoire aussi ardente pour le moins que
la sensibilité du moment.

Elle écrit, en 1774, après qu'il est mort :
« Oh ! combien j'ai été aimée ! Une âme de
feu, pleine d'énergie, qui avait tout jugé, tout
apprécié et qui, revenue et dégoûtée de tout,
s'était abandonnée au besoin et au plaisir d'aimer. Mon ami... » Car elle écrit à un ami :
quel ami ? je le dirai... « Mon ami, voilà comme
j'étais aimée ! » Elle écrit : elle parle ; ne
croyez-vous pas entendre sa voix ?

Et, ce Mora, ne le voyez-vous pas, comme
il y a trois ans disait Julie, jusqu'au fond de
l'âme ? C'est un garçon de grande intelligence,
qu'on a cru et qui se croyait destiné pour ac-
complir de splendides prouesses : il s'est décou-
ragé ! Soit qu'il n'eût pas l'étoffe de son rêve,
ou qu'il lui vînt de la maladie quelque faiblesse
déjà et qu'il sentît l'effort trop dur ou inutile,

parce que tout est vanité, il dédaigne ce qu'il
n'a pas l'entrain de faire, il ne fait rien, renonce
à tout et à lui-même; et cette abnégation, c'est
l'hommage qu'il apporte à sa bien-aimée. Quel
hommage, le plus tragique ! Ce héros qui s'a-
bandonne, qui voulait tout et pouvait le vouloir,
méprise tout et ne veut plus rien que d'aimer. Si
Mlle de Lespinasse en est touchée, on le serait à
moins.

La même année encore, elle écrit : « J'étais
aimée, et aimée à un degré où l'imagination ne
peut pas atteindre. Tout ce que j'ai lu... » ce
qu'elle a lu? ah ! des romans, *Clarisse Har-
lowe, Manon Lescaut, Julie* (comme elle) *ou la
Nouvelle Héloïse...* Eh bien ! tout cela, qui
vous paraît si plein d'amour, « était faible et froid
en comparaison du sentiment de M. de Mora. Il
remplissait toute sa vie; jugez s'il a dû occuper
la mienne ! » Le 15 septembre de la même année : « La créature la plus tendre, la plus parfaite et la plus charmante qui ait existé... m'a-
vait donné, abandonné son âme, sa pensée et
toute son existence... » Mais oui, car il avait
tout renoncé entre les mains de son amante, tout
espoir et tout désir d'être un grand homme et de
faire éclater son génie, pour n'être qu'un amoureux auprès d'elle. Et elle : « J'en jouissais
avec étonnement et transport. » Elle raconte

qu'elle lui parlait de la distance qu'il y avait de lui à elle, de lui un grand d'Espagne à elle une fille bâtarde ; il s'en affligeait, « et bientôt il me persuadait que tout était égal entre nous, puisque je l'aimais ». Fine raison, la seule : « puisque je l'aimais », et qu'il avait tout éconduit de sa pensée, hormis l'amour.

L'année suivante, 1775, un gai souvenir amuse Mlle de Lespinasse et puis l'attriste. Un jour, il était alors à Madrid ; et, là-bas, toutes les femmes étaient folles de lui ; peut-être lui a-t-elle montré un peu de jalousie à propos de ces belles Madrilènes qui ont un renom très ardent... Il répondit, et souriait probablement : « Elles ne sont pas dignes d'être vos écolières. Votre âme, à vous, a été chauffée par le soleil de Lima ; et mes compatriotes semblent nées sous les glaces de Laponie. » Elle ajoute : « Et c'était à Madrid qu'il me mandait cela ! » Elle avait grande opinion de la vivacité des Madrilènes ; elle est flattée, elle se dit qu'il faut qu'elle ait « de la chaleur », pour avoir « fait jouir une âme forte et passionnée du plaisir d'être aimée ». Tel est ingénieusement l'amour-propre de l'amour ; et M. de Mora n'ignorait pas l'art de le satisfaire en son amie.

Elle écrit, le 17 octobre 1775 : « Mon Dieu, qu'il était doux d'aimer et de vivre pour quelqu'un qui avait tout connu, tout jugé, tout apprécié, et qui avait fini, comme le sage, par trouver que tout n'est que vanité ! Aimer suffisait à son cœur et à son âme. Ah ! qu'elle était noble, qu'elle était grande, cette âme ! Je n'ai jamais vu réunir tant de passion à tant de vertu ! » Voilà de brûlants souvenirs. Et, si tout le détail de l'histoire n'y est qu'implicitement contenu, vous apercevez cependant les deux héros de l'aventure, et la flamme qui les anime, et le tour de leur causerie, et le parti qu'ils savent tirer de leur tristesse au profit de leur amour : le reste n'est pas votre affaire, non plus la mienne, au bout du compte.

Qui des deux était le plus épris? Marmontel, qui les a vus ensemble bien des fois, dit : « Nous le vîmes plus d'une fois en adoration devant elle. » Et peut-être que je me trompe; mais je crois que, le plus aimant, ce fut M. de Mora. Pourquoi je me le figure, je le dirai bientôt.

Cela ne vous suffit pas; et il vous plairait de savoir ce que fut exactement cet amour, une passion spirituelle et qui laissa Mlle de Lespinasse demoiselle, ou non. Je n'en sais rien. Ni Mme Suard non plus n'en savait rien, au témoignage de qui se réfèrent les partisans d'une Lespinasse qui s'est bien gardée. Mme Suard n'est pas bien forte et n'est peut-être pas bien bonne.

Elle écrit cependant : « Je puis assurer qu'il n'y a eu entre eux que des communications par lettres et des conversations. » Elle se fie, pour l'assurer, à un mémoire que Mlle de Lespinasse avait écrit, touchant l'histoire de ses amours avec M. de Mora, et qu'elle avait communiqué à M. Suard. On n'a pas de peine à se figurer que, dans ce mémoire et communiqué à M. Suard, Mlle de Lespinasse eût de toutes façons réservé ce qu'il ne fallait pas dire. Et d'Alembert qui, à la mort de son amie, lut ce mémoire en eut, semble-t-il, une tout autre impression que ladite Mme Suard.

Il y a bien des arguments à présenter, soit en faveur d'une opinion là-dessus ou de l'autre. Mais cela fait une chamaillerie où j'avoue que l'on peut avoir de l'esprit, sans très bon goût. Si M. de Mora fut bel et bien l'amant de Mlle de Lespinasse, je n'en sais rien. Si j'ai mon idée là-dessus, ayez la vôtre, à votre choix et comme vous plaira le plus Mlle de Lespinasse qui cède à la nature ou lui résiste.

Le meilleur argument que l'on donne pour le parti de la vertu, c'est que M. de Mora et Mlle de Lespinasse s'étaient promis le mariage. On le dit; mais j'en doute un peu ou, du moins, je ne crois pas que M. de Mora eût épousé Mlle de Lespinasse. Ce mariage était absurde et jusqu'à une espèce d'impossibilité. Julie avait douze ans de plus que M. de Mora; et quoi qu'en dît M. de Mora dans un élan d'amour, que tout fût égal entre eux puisqu'elle voulait bien l'aimer, Julie sans famille et sans nom va-t-elle épouser ce grand seigneur, un Pignatelli et qui a été gendre du comte d'Aranda ? Encouragé par la bonté de M. de Mora, elle l'aurait bien voulu, dont la défend Morellet contre son neveu Marmontel en ces termes : « Il n'y a pas de mal à cela ! » Il n'y en a pas, à vrai dire : car elle n'y met, dit Morellet, ni cupidité, ni ambition, mais tout uniment son amour. Et Suard écrit un jour à Julie, le 24 mai 1770 : « J'aurais bien voulu être plus instruit de l'état de votre cœur et savoir où en sont vos espérances. Quand pourrai-je vous savoir heureuse ? Vous me devez ce bonheur-là, pour me consoler du sentiment de vos peines. » Ses espérances : nuptiales, je l'entends. Et enfin, Mme de Guibert a noté ce que lui disait le jeune frère de Mora, Luis Pignatelli, comme ceci, elle l'assure : « Ils étaient fiancés ; et le mariage aurait eu lieu sans l'infidélité de Mlle de Lespinasse, suivie de la mort de mon frère. » Fiancés, non : car Julie l'aurait dit. Et l'on nous donne deux raisons pour expliquer l'échec de ces fiançailles : l'infidélité de Julie et puis la mort du fiancé ; une seule suffirait, principalement la seconde. Leur amour a duré des années, avant la mort du fiancé, avant même l'infidélité de la fiancée, plusieurs années pendant lesquelles se fût placé le mariage s'il avait été bien résolu.

Je crois que Mlle de Lespinasse eût épousé M. de Mora le plus volontiers du monde. Est-ce pour cela qu'ils n'auraient été amants que de propos? Je n'en sais rien; et vous non plus.

D'une manière ou de l'autre, ne les plaignons pas : car ils s'aiment et sont heureux de s'aimer. Soudain, plaignons-les : car ils vont être séparés.

M. de Mora, au mois de février 1770, est à Paris depuis sept ou huit mois : il tombe malade. Les médecins le déclarent poitrinaire. Le climat de Paris ne lui vaut rien, l'hiver lui est dangereux. Ses parents veulent qu'il retourne en Catalogne. Il part. Ce qui m'étonne, c'est qu'il parte. Et, s'il part, ce qui m'étonne, c'est que Julie ne songe point à l'accompagner. Elle ferait une folie? C'est justement où je l'attendais.

Je sais bien qu'elle est casanière et ne bouge pas volontiers de sa maison de la rue Saint-Dominique. Mais enfin ce grand amour vaut qu'elle se dérange de ses habitudes. Elle a laissé partir son amant ! Qu'elle en ait souffert, j'en suis sûr. Folie pour folie, celle-ci qu'elle a choisie ne m'enchante pas. Et c'est pendant l'absence de

M. de Mora, que Suard écrit à cette amante casanière et lui demande où elle en est de ses espérances... Au fait, si M. de Mora est parti, peut-être avait-il aussi le devoir de rejoindre son régiment ; et, en partant avec chagrin, peut-être a-t-il prié Julie de rester bien sage : c'est la dernière fois qu'il part, il va se dégager de toutes ses obligations, militaires et autres, puis revenir, et l'épouser. C'est donc lui, M. de Mora, qui ferait une folie, non la grande amoureuse ? En vérité, je n'en sais rien.

Mais, en Espagne, on se méfie probablement de ses projets. Il n'a guère plus de vingt-cinq ans. Il est arrivé colonel, au mois de février; deux mois après, et pour l'attacher mieux au métier militaire, on vous le nomme général de brigade chargé d'un emploi à la cour. C'est bien joué ! Mais, lui, va riposter : quelques mois plus tard et avant la fin de cette année 1770, un beau jour, il donne sa démission. La raison, le prétexte ? Il est malade. Ses amis n'en veulent rien croire et soupçonnent d'autres motifs. Toujours est-il que, le 25 février 1771, comme pour démontrer qu'il ne mentait pas, il est pris d'une sorte de fièvre, il vomit le sang, s'évanouit : l'on n'est pas sûr qu'il se réveille.

Il avait, dirent les médecins, les deux poumons attaqués. Il ne pouvait se tirer de là qu'en allant, et sans retard, chercher la tiédeur et l'air salubre de Valence. Il est perdu; le sait-il? et Mlle de Lespinasse le sait-elle, qui ne vient pas le retrouver soit à Valence ou au bout du monde?

A Valence, où des amis l'accompagnent et un médecin tout à son service, M. de Mora tâche de se guérir. Bientôt il commence d'aller mieux; il est plus gras, il a meilleure mine. Il apprend que, dans un couvent d'Espagne, un moine est un grand guérisseur : il va le consulter, inutilement. Tout ce qu'il fait, tout ce qu'il tente ne lui donne que rémission.

A Paris, depuis le départ de M. de Mora, Mlle de Lespinasse est malheureuse au point qu'elle rend la vie intolérable à tout ce qui l'entoure, et à ce pauvre d'Alembert plus qu'à personne.

Elle ne lui cache pas son chagrin : Julie, pour être cachottière, ou seulement discrète, a beaucoup trop de vivacité d'abord et une crédulité bien déférante aux sentiments qu'elle éprouve. Lui, comme il l'aime, il souffre de son chagrin : il en souffre deux fois, s'il en est le témoin, non l'objet. Julie n'a point eu jamais un caractère extrêmement doux. Et d'Alembert l'impatiente. Elle l'envoie promener. Il en tombe malade.

Au mois de juillet 1770, il se sent « imbécile

de découragement et de tristesse ». Et il s'en plaint à ses amis ; à Voltaire : « Je ne sais quand cela se passera. Si je dois continuer à vivre ainsi, j'aimerais beaucoup mieux finir. » Il se plaint à Julie, sans doute : elle a bien assez affaire de sa tristesse à elle et ne songe point à celle d'autrui. D'Alembert, qui la voudrait secourir, n'essuie que rebuffade. Et Julie n'a désormais qu'une idée, se débarrasser de lui.

Mais alors, qu'en faire? Elle imagine adroitement qu'il n'y a qu'une chose qui le puisse remettre d'aplomb : ce serait de voyager en Italie. Tout seul? Car elle ne va point l'accompagner : elle ne bouge pas, on l'a vu, et reçoit rue Saint-Dominique les lettres et les nouvelles de M. de Mora qui n'a point encore eu sa crise la plus alarmante : mais que fait-il, que devient-il et quand surtout reviendra-t-il?

Elle écrit à Condorcet, qui est si bon, si dévoué, qui « n'a peut-être jamais dit à un de ses amis, *je vous aime*, mais qui n'a jamais perdu l'occasion de le lui prouver »; ce Condorcet qui travaille dix heures par jour, mais qui a toujours du temps à donner à ses amis, elle lui écrit avec assurance : « Venez à mon secours, monsieur; j'implore tout à la fois votre amitié et votre vertu. Votre ami M. d'Alembert est dans l'état le plus alarmant. Il dépérit d'une manière effrayante; il ne dort plus et ne mange que par raison. Mais, ce qui est pis que tout cela encore, c'est qu'il est tombé dans la plus profonde mélancolie. Son âme ne se nourrit que de tristesse et de douleur; il n'a plus d'activité ni de volonté pour rien; en un mot, il périt, si on ne le tire par un effort de la vie qu'il mène... » Et elle n'a pas l'air de se douter que, la vie qu'il mène, c'est elle qui la lui impose... « Nous nous réunissons tous pour le conjurer de changer de lieu et de faire le voyage d'Italie. Il ne s'y refuse pas tout à fait, mais jamais il ne se déterminera à faire ce voyage seul, et moi-même je ne le voudrais pas. Il a besoin des secours et des soins de l'amitié... » C'est l'occasion, Julie, de montrer la vôtre !... Elle n'y songe pas... « et il faut qu'il trouve cela dans un ami tel que vous. » Voilà comme elle écrit, avec un oubli de soi qui serait beau s'il se produisait en cas de plaisir, mais non point en cas de bonté.

Condorcet n'a pas éconduit un ami; et d'Alembert n'en doute pas. Mais d'Alembert ni Condorcet n'ont l'argent qu'il faudrait pour voyager tous deux en Italie, où les envoie Julie, qui les engage à prendre au plus tôt leurs arrangements. Et, d'Alembert, à qui va-t-il s'adresser? Il n'est pas en bons termes avec le roi de France; mais, avec le roi de Prusse, excellents.

Il écrit donc à ce grand Frédéric : « Ma santé, Sire, dépérit de jour en jour. A l'impossibilité absolue où je suis de me livrer au plus léger travail, se joint une insomnie affreuse et une profonde mélancolie... » Ses amis et ses médecins lui conseillent de voyager en Italie; son peu de fortune lui interdit ce remède, le seul (dit-on) qui le dispenserait d'une mort lente et cruelle. Il faudrait environ deux mille écus... « Je prends donc la liberté de les demander à Votre Majesté. » La majesté prussienne envoya les deux mille écus et un sarcasme que voici : « C'est une consolation pour moi que ces rois tant vilipendés puissent être de quelque service aux philosophes; ils sont donc au moins bons à quelque chose. » D'Alembert et Condorcet partirent les premiers jours du mois d'octobre.

Ils allaient en Italie; mais Ferney se trouvait sur leur passage ; ils ne manquèrent pas de s'y arrêter. Voltaire les reçut à merveille. Il égaya un peu d'Alembert, qui avait besoin de gaieté. Alors, d'Alembert n'eut aucune envie de continuer son voyage. Dès le mois de novembre, avec Condorcet qui ne l'eût pas quitté, il reprit le chemin de Paris, où l'appelait sa plus chère pensée, Mlle de Lespinasse.

Quand il fut de retour, elle était, dans l'attente, plus impatiente qu'à son départ. Et, quand M. de Mora, terriblement malade, fut à Valence, l'inquiétude la rendit éperdue. Deux fois la semaine, les jours qu'arrivait le courrier d'Espagne, elle avait la fièvre et des convulsions. M. de Mora lui écrivait à peu près tous les jours, de sorte qu'elle était assurée d'une lettre au moins à tous les courriers.

Pauvre d'Alembert ! Et gentil, jusqu'au ridicule ! Pour épargner à son amie l'attente un peu plus longue d'une lettre, il se levait de très bonne heure, se privait de son premier repas et, du plus vite qu'il pouvait, allait à la poste lui-même prendre le courrier de Julie.

J'en veux à Julie. Elle n'aurait pas dû se jouer ainsi d'un ami parfait et qui était M. d'Alembert. Ces grandes amoureuses, toutes consacrées à leur grand amour, n'ont pas le temps d'être gentilles. Et Julie, le jour qu'elle aura succombé dans les bras de son grand amour le deuxième, fera bien des histoires sur la perte de sa vertu : je lui en ferais davantage sur la sévérité qu'elle eut à l'égard de l'homme qui l'aimait avec tant de simplicité, de bonhomie et d'un renoncement presque dérisoire. J'en ai honte pour elle, mais ce baron de Grimm, tout né qu'il fût à Ratisbonne, lui donne la leçon très justement, même s'il raille et si la phrase est lourde, lorsqu'il écrit à sa manière : « Il n'y a point de malheureux Savoyard à Paris qui fasse autant de courses, autant de commissions fatigantes, que le premier géomètre de l'Europe, le chef de la société encyclopédique, le dictateur de nos académies, en faisait tous les matins pour le service de mademoiselle de Lespinasse. » Mais elle lui disait merci, dont il se contentait.

Cependant, à Valence, M. de Mora s'ennuyait de Paris et ne traitait pas mieux ses amis obligeants que, Julie, d'Alembert. L'un d'eux écrit : « Son Excellence a le goût du tragique et emploie un langage aux couleurs renforcées. On ne se débarrasse pas d'un assassin en termes plus injurieux que ceux dont il s'est servi envers moi. » Ses amis le trouvaient, le croyaient, en bonne voie de guérison, mais l'engageaient à ne perdre pas le bénéfice de quelque sagesse par une fâcheuse imprudence : car il entendait retourner à Paris sans retard.

Un beau jour, il partit. Ce fut au commencement de l'été. L'on ne put le retenir plus longtemps. Il partit comme un fol et fit son voyage de même, avec une espèce de fureur, sans vouloir s'arrêter nulle part, tant le pressait l'amour.

Il avait à Madrid une sœur, qui était religieuse dans un couvent et qui, sachant qu'il passerait par cette ville, comptait l'y voir. Il refusa de s'arrêter. La nonne, quelques jours plus tard, écrit à M. de Villa Hermosa, son beau-frère, qu'elle ne l'a pas vu; elle ne se plaint pas : elle souhaite qu'il ait bientôt recouvré la santé.

Jusqu'à Paris, point de relâche. A Paris, le monde lui fait grand accueil; et la cour le ré-clame. Il ne se donne pas l'air dédaigneux. Mais, écrit Mlle de Lespinasse, « au milieu de la dissipation de la cour, étant l'objet de la mode, étant devenu celui de l'engouement des plus belles dames, il n'avait qu'une affaire, il n'avait qu'un plaisir : il voulait vivre dans ma pensée, il voulait remplir ma vie. » Je ne crois pas qu'elle se trompe. Il l'a aimée, à ce qu'il semble, d'un séjour à l'autre, plus ardemment, comme si, dans l'absence, il lui avait, à chaque fois, découvert ou — tel est l'amour — inventé de nouveaux attraits.

V

Il est à Paris : quel bonheur ! Et, comme le monde l'a toujours gâté, il n'en est pas très curieux. Il a vingt-huit ans; il est blasé : tout ce qu'il dédaigne semble à Julie un trophée qu'il dépose amoureusement à ses pieds.

Mais, au mois d'octobre, il fut invité à Fontainebleau, où était la cour. Pendant dix jours, ces deux amants seront séparés. Le seront-ils et faut-il appeler séparation l'union parfaite de leurs pensées qui, même de loin, sont ensemble ? Pendant ces dix jours, dit Julie, « je ne sortis pas une fois : j'attendais une lettre ou j'en écrivais une ». On peut s'en rapporter à elle; car elle écrit — à merveille, d'ailleurs, — mais comme d'autres bavardent : tout le temps. Et lui, pour l'amour d'elle, prend le même usage : « Je recevais, dit-elle, deux lettres par jour de Fontainebleau; l'absence fut de dix jours, j'eus vingt-deux lettres. » Elle les a cent fois relues, certainement; et les a comptées.

Charmant amour ! et, s'il fut sage, l'espérance du mariage l'enchantait; s'il ne le fut pas, l'excusait.

Ainsi passe l'hiver, et puis le printemps. Sages ou non, les deux amants sont heureux. Imaginez leur bonheur à votre guise.

Et puis la maladie, que l'on croyait éloignée, reparaît. Au premier avertissement qu'elle donne, il faut ne plus compter sur rien. Julie ne s'y résigne pas et lutte contre ses craintes; elle s'épuise à cet effort. Bientôt les avertissements deviennent plus fréquents et indiscutables. Julie, un jour, écrit à son ami M. Suard : « Tous les biens de la vie ne me dédommageraient pas de ce que j'ai souffert... Depuis trois mois, je suis à la torture... » Elle ajoute : « et je n'en aime que davantage. » Elle n'était pas déjà bien raisonnable, Julie; mais l'espérance et la crainte, mêlées et contrariées, vont la rendre une folle.

Au commencement de juin, M. de Mora eut des vomissements de sang, d'une telle force et d'une telle abondance que l'on crut qu'il allait mourir. Les médecins le saignaient, en outre, constamment, de sorte qu'ils auraient fini par l'empêcher de vomir le sang, car ils ne lui en laissaient plus. Condorcet, qui écrit à

Mme Suard, lui écrit que Julie est horriblement inquiète.

Je le crois bien ; et elle a tristement raison de l'être. « Ces accidents si répétés, dans un corps si délicat, ne fondent que trop ses inquiétudes », remarque son ami Condorcet. Au surplus, elle a dit qu'elle était, depuis trois mois, à la torture ; et elle écrit à Condorcet, le 14 juin : « M. de Mora a passé hier l'après-dînée chez moi. Il était fort bien ; mais l'avenir m'effraye : trois cents lieues d'éloignement, et une maladie mortelle !... » C'est que M. de Mora, dans quelques semaines et sur l'ordre des médecins, partira pour Bagnères d'abord, où il fera une saison de remèdes, puis pour Madrid, où il a sa mère mourante et où son père veut l'emmener. Bref, Julie sera une nouvelle fois séparée de M. de Mora, d'une façon plus affligeante que jamais, si elle prévoit une autre séparation, par la dure mort... « Cette pensée est au-dessus de mon courage, dit-elle. Il est affreux, ce qu'une affection de plus met de malheur dans la vie !.. » S'en plaint-elle ? « Cependant le sentiment a un tel charme qu'on ne voudrait point cesser d'aimer. » Voilà comme Julie aime M. de Mora et, plus encore, aime le sentiment qu'elle a pour lui.

Cela est du 14 juin 1772. Quelques jours

plus tard, et peut-être le 21 juin, qui serait exactement une semaine plus tard, M. de Mora se remet assez bien de la crise où il a pensé mourir. Que fait Julie?

Et je n'y vois rien de mal : — au surplus, elle n'a point M. de Mora chez elle, pour le soigner ou lui tenir compagnie; — elle va déjeuner à Moulin-Joli, maison de campagne où demeure durant l'été le riche, intelligent et aimable M. Watelet, l'ami de d'Alembert et qui est un homme des plus distingués, qui s'occupe de belles-lettres et de beaux-arts, et qui a ce jour-là quelques amis chez lui. Ce Moulin-Joli n'est pas loin de Paris, mais, sur les bords de la Seine, auprès du bac de Bezons : une maison très agréable et le jardin, qui s'étend sur deux îlots, arrangé à la nouvelle mode, sur le modèle de la nature comme on aime à se la figurer. M. Watelet demeure avec sa vieille amie Marguerite Lecomte qu'il a, trente ans de ça, doucement chapardée à un mari des plus accommodants. Cela n'offense personne, ni le mari; et tout le monde va chez M. Watelet : Julie, en y allant, ne choque personne.

Il y avait, parmi les invités de M. Watelet, le comte de Guibert, qui était fort à la mode, cette saison-là. On le savait l'auteur d'un livre le plus digne de curiosité, paru dans les Pays-

Bas, sans nom d'auteur, deux ans plus tôt, et qu'on ne trouvait point aisément à Paris, l'*Essai général de tactique*. Le titre n'est pas ce qui tente le plus; mais on n'ignorait pas que le comte de Guibert, un colonel et puis commandant de la Légion corse, traitait à sa manière, et très originale, au point d'en être subversive, maintes questions militaires, et d'autres qui étaient de politique. On raffolait de politique, en ce temps-là; et, quand un livre de politique n'avait pas son entrée en France, tout le monde le recherchait. Il faut ajouter que l'*Essai général de tactique* révèle un homme très intelligent, un assez bon écrivain qui met ses idées en ordre et les présente avec une clarté bien éloquente. Bref, le génie du comte de Guibert fut reconnu de tout le monde et grandement célébré.

Mlle de Lespinasse eût rougi, de ne pas admirer plus que personne le héros du jour... En le disant, je ne lui veux pas chicaner d'être sincère : elle l'était, avec une simplicité presque naïve; elle l'était d'une façon que l'enfant qui vient de naître, l'enfant de la nature (je ne dis pas, de la campagne), ne le sont pas davantage; mais il arrive que la sincérité, vertu primesautière, s'applique à des objets fabriqués. Ce fut comme l'auteur de l'*Essai général de tactique* toucha de vive admiration Mlle de Lespinasse.

Il n'avait pas vingt-neuf ans, — elle quarante; — il comptait douze ans de service dans
les armées du roi, de belles actions à la guerre;
et il savait parler aux femmes ou, du moins, les
rendre contentes d'un peu d'attention qu'il voulait bien leur accorder quelquefois. S'il était
beau? C'est déjà une beauté, de plaire, et la
principale. En outre, il avait, dans son allure et
son maintien, dans son air et sur son visage, de
l'énergie avec de la douceur, de la force qu'il
ne donnait pas toute à chaque instant, qui lui
faisait une réserve de santé, l'intelligence également riche et sereine : un large front bien che-
velu, les yeux logés profond, la bouche grande,
la mâchoire solide; et, par-dessus tout, une éloquence agréable et persuasive.

M. de Mora était malade. Il commençait
d'aller mieux. Il devait prochainement quitter
Paris et portait la mort en lui-même. Mlle de Lespinasse en avait un affreux chagrin. Et, quand
elle eut rencontré M. de Guibert, elle n'aima
pas moins M. de Mora, mais elle aima aussi
M. de Guibert : et voilà son trouble, qui dure-
ment la secouera.

Ne donnons point à ce mot plus de sens qu'il
ne lui en faut, mais elle a désormais deux amants,
cette grande amoureuse très nonchalante et qui
n'a pas eu le premier de très bonne heure. Le

second lui advient d'une manière inopinée, tardive, car il aurait mieux valu qu'il prît les devants, et hâtive pourtant, s'il ne laisse pas le premier finir son cours. M. de Mora est si malade, et à six semaines de quitter Paris, où il ne doit plus revenir !... Nous demanderions grâce pour lui. Mais à quoi bon demander grâce aux destinées impitoyables ou, disons mieux, indifférentes? Et c'est à elles que Mlle de Lespinasse est en butte; elles se vont emparer de la pauvrette et la mener à leur guise.

Mlle de Lespinasse, un an plus tard, se plaint de son aventure : « J'étais bien éloignée, dit-elle, d'avoir besoin de former une telle liaison; ma vie et mon âme étaient tellement remplies que j'étais bien loin aussi de désirer un nouvel intérêt. » Sans doute, et qui ne l'approuverait? Nous avons pitié de M. de Mora, que trahit l'amour avant l'existence.

Elle dit que ce n'est pas sa faute; elle dit : « Est-ce que nous sommes libres? Est-ce que tout ce qui est peut être autrement? » Voilà ce qu'elle dit; et ce n'est rien dire: mais que dire aussi? Tout le déterminisme de l'école n'empêche pas, Julie, qu'en agissant comme il est impossible que vous n'ayez point agi, vous ne méritiez nos regrets. Petits regrets, au prix de vos remords ! Mais vos remords sont votre affaire;

et nos regrets vous rendent moins aimable.

Est-ce qu'il ne fallait pas laisser à M. de Mora le temps de mourir ?... Où Mlle de Lespinasse nous désarme, c'est à le dire et le crier plus fort que nous.

Elle avait vu M. de Guibert et lui avait trouvé de l'attrait. L'un des jours suivants, elle écrit à Condorcet : « J'ai fait connaissance avec M. de Guibert. Il me plaît beaucoup. Son âme se peint dans tout ce qu'il dit; il a de la force et de l'élévation; il ne ressemble à personne. » Ah ! que j'aime ces derniers mots ! Et, même si je crois que M. de Guibert en vérité ne ressemblait à personne, Julie, en le disant, comme de tout amant son amante, ressemblait à tout le monde avec une abnégation bien jolie. Car, si l'amant ou l'amante ne trouvait pas l'objet aimé tout différent de tous les autres, il aurait sa fidélité à l'épreuve. Mais Julie, non: jamais de la vie elle ne consentirait que l'amour qu'elle a pour M. de Guibert lui ôte l'amour qu'elle a pour M. de Mora: leurs deux particularités les distinguent.

Il semble qu'elle fit les premières avances. Peut-être M. de Guibert, après le déjeuner de Moulin-Joli, l'aurait-il négligée, si elle ne l'avait relancé. Le 14 juillet de l'année suivante, qu'elle a déjà depuis des mois son habitude épistolaire avec l'auteur de l'*Essai général de tactique*, elle lui écrit : « Je déteste, j'abhorre la fatalité qui m'a forcée à vous écrire *ce premier billet...* » Qu'est-ce que ce premier billet, qui lui donne tant de remords ? Un petit mot, je suppose, qu'elle lui adressa peu de jours après le déjeuner de Moulin-Joli: elle le priait de la venir voir. Il vint; et ce dut être l'un des premiers jours de juillet. Ensuite, elle écrivit à Condorcet : « J'ai vu M. de Guibert chez moi; il continue à me plaire infiniment. » Ce n'est pas trop dire, mais avec une discrétion qui est pour Condorcet, pour elle aussi.

M. de Mora n'est pas encore parti; pauvre de lui ! Or, il va mieux. Il l'écrit à Condorcet: « Je suis au point où j'étais avant ce dernier accident. Je crois même que mon régime actuel vaut mieux que celui que j'observais auparavant, et j'en espère un effet plus assuré. » Mlle de Lespinasse dit également qu'il mène à peu près sa vie ordinaire. Il put, le 7 août, partir pour les Pyrénées. Comment Julie supporta ce départ, il n'en faut pas douter: elle eut un horrible chagrin. Nous n'avons pas une lettre d'elle qui le prouve; mais, dans le recueil abondant de ses lettres, et même adressées à M. de Guibert, on en trouverait plus d'une toute pleine d'un chagrin pareil ou analogue.

Elle ne doutait pas que M. de Mora ne fût en

péril de mort. Et le séjour de Bagnères s'il avait
pu lui donner un peu d'espoir, le lui ôta promptement. Au mois de septembre, M. de Mora se
remit à cracher le sang; on le saigna neuf fois
d'affilée. Allait-il résister à de tels maux et à de
tels remèdes? Mlle de Lespinasse n'en avait pas
l'assurance. Elle était si affligée que son ami,
M. Suard, lui rendait visite chaque jour et deux
fois le jour; « il dit, écrit Mme Suard, qu'elle ne
peut vivre longtemps, qu'elle se consume et se
dévore ». Si elle était morte de chagrin pour
M. de Mora, ce mois de septembre 1772, elle
serait plus touchante qu'elle ne va le devenir:
elle sera plus tragique, dans peu d'années, qu'elle
mourra de cet amour, d'un autre, et du remords
de n'être pas morte d'un seul.

Vers la mi-septembre, M. de Mora quittait
Bagnères et prenait la route d'Espagne. « Il est
parti, écrit Mlle de Lespinasse à qui l'on vient
de l'annoncer, dans un état qui me fait tout
craindre pour sa vie. Son médecin le conduit.
Mais, s'il peut le secourir, il ne pourra pas le
garantir d'une rechute qu'il ne pourra soutenir,
dans l'état d'épuisement où il est... Il était si
anéanti qu'il n'a pas pu juger du péril auquel il
s'exposait en se mettant en route... Jugez de ma
situation ! » M. de Mora put cependant gagner
Bayonne, où le prit sa sœur la duchesse de Villa

Hermosa et parvint avec lui jusqu'à Madrid.

En quittant Paris, le 7 août, M. de Mora était le plus triste des hommes. Il comptait pourtant revenir et, s'il ne savait pas quand, ne doutait pas de ce bonheur. Il se flattait aussi de combler, à son retour, le rêve de sa vie, en épousant sa bien-aimée. Le voici maintenant à Madrid; et, près de sa mère qui, du même mal que lui, va mourir avant lui, que fait-il? Plaider sa cause: il tâche d'obtenir le consentement de sa mère à son mariage. Il a contre lui sa sœur, qui déteste Mlle de Lespinasse et qui s'est promis d'arracher à une « astucieuse Française » le moribond. Ce débat le tue au jour la journée. Mlle de Lespinasse est, de loin, touchée d'un zèle si doux et fidèle : « J'ai eu, écrit-elle, dix pages qui m'ont pénétrée de tendresse et de douleur. Il est bien plus malheureux que moi. Il sait bien mieux aimer. Il a bien plus de caractère. En un mot, il a tout ce qu'il faut pour être le plus malheureux et le plus aimé de tous les hommes ! » Elle s'attend que la duchesse de Villa Hermosa, en haine d'elle, le tourmente atrocement.

Est-ce que la duchesse de Villa Hermosa et sa mère n'imaginèrent pas de confisquer la correspondance de M. de Mora et de Mlle de Lespinasse? Il y eut, de part et d'autre, des lettres qui n'arrivèrent pas à destination. Mlle de Lespi-

nasse crut à une fraude. Elle était, de ce fait,
coupée de son amant. Que faire? Elle eut re-
cours à cet infortuné d'Alembert, toujours obligeant et crédule; il écrivit au duc de Villa Hermosa, eut des nouvelles qui étaient de moins en
moins mauvaises, eut des lettres de M. de Mora
que lui passait le duc pour les remettre à Mlle de
Lespinasse: elle dut lui en dire merci.

Elle ne cessa point d'être occupée au sujet de
M. de Mora: ce grand souci aurait suffi à tout
son temps. Mais elle avait aussi une puissance
d'émoi qui devait suffire à plus d'un amour.

Et, tout l'hiver, jusqu'au printemps 1773, né-
glige-t-elle sa curiosité nouvelle pour M. de Guibert? Ah! que non pas! Il n'y a aucune lettre
d'elle à lui jusqu'au 15 mai: aussitôt elles sont
de presque tous les jours et, par le ton, prouvent
que la curiosité est devenue un autre sentiment
qu'elle appelle amitié, qui est de l'amour.

Comment l'amour est-il venu? Était-il là dès
le début ? Comment Mlle de Lespinasse est-elle
arrivée à n'en plus faire si grand mystère? Et tout
cela, tandis qu'elle endurait la torture au sujet
du pauvre M. de Mora !

C'est une histoire absurde; et révoltante? ou qui
amuse et qui choque à la fois, qui donne envie de
rire et n'est pas gaie; une de ces histoires du cœur
où le cœur montre ses ridicules manigances.

Il y avait Mlle de Lespinasse, qui aimait M. de
Mora. Elle va aimer M. de Guibert. Comment
passer de l'un à l'autre? Eh! bien, c'est M. de
Mora qui va livrer à M. de Guibert sa bien-
aimée, sans le savoir.

En doutez-vous? Julie vous l'expliquerait, Julie qui, le 15 mai, écrit à M. de Guibert :
« J'avais tant souffert! mon corps, mon âme
étaient épuisés par la durée de la douleur...
C'est alors que je vous ai vu; c'est alors que vous
avez ranimé mon âme; vous y avez fait pénétrer
le plaisir: je ne sais lequel m'était plus sensible,
de vous le devoir ou de le ressentir. » Et qui
écrit à M. de Guibert, le 24 juin : « Vous seul,
peut-être, avez eu le pouvoir de suspendre quelques instants ma douleur; et ce bien d'un moment m'a attachée à vous pour la vie! » Et
qui écrit à M. de Guibert, le 6 septembre :
« Mon âme n'avait point besoin d'aimer; elle
était remplie d'un sentiment tendre, profond, par-
tagé, répondu, mais douloureux cependant: c'est
ce mouvement qui m'a rapprochée de vous. Vous
ne deviez que me plaire et vous m'avez touchée.
En me consolant, vous m'avez attachée à vous. »
Elle considère que M. de Mora lui pardonnera.
Elle était triste pour M. de Mora: ce fut comme
elle eut besoin de consolation. Et elle avait, par
l'amour de M. de Mora, le cœur attendri, l'âme

disposée à demander beaucoup de soins et ressentir maintes alarmes. Enfin, c'est l'amour de
son premier amant qui l'a préparée pour le second. Elle a été d'autant plus facilement
la dupe de son amour le second, le
plus vif, qu'elle était sans méfiance. Elle
le dit, bien joliment, cinq mois après avoir cédé
au sentiment qui l'a requise : « Comment
craindre, comment prévoir, lorsqu'on est garanti
par un sentiment... » l'autre, le premier... « par
le malheur et par le bien inestimable d'être aimée
d'une créature parfaite? Mon ami, voilà ce qui
entourait mon âme, ce qui la défendait, lorsque
vous y avez fait descendre le trouble du remords
et la chaleur de la passion. » Elle sourit en le
disant; elle sourit ce jour-là, et n'en veut point
à cet amant qui avait bien l'air de la protéger,
l'imprudent, et qui l'a livrée !...

Elle en sourit un jour et, plus souvent, elle
s'en fâche, comme d'un scandale et dont elle a
vive rancune. Mais alors, de manière que M. de
Mora n'ait point de reproches, elle détourne sa
colère contre l'autre et vous l'appelle un ravis-
seur de son amour.

Une chose étrange, et qui fut, pour Mlle de
Lespinasse, un châtiment qu'elle n'a pas toujours
reçu sans ridicule, est l'impossibilité où elle se
sentit constamment de séparer ses deux amours

dans son cœur et même sur le papier. Dans son cœur? Eh ! c'est tout le drame. Si elle avait cessé d'aimer M. de Mora quand elle devint si éprise de M. de Guibert, elle serait dans le cas le plus ordinaire et prouverait par son exemple ce que l'on sait de la futilité du cœur et de son extrême rapidité; mais, tout de même que M. de Guibert, elle « ne ressemble à personne » et trouve son originalité à n'aimer pas moins l'homme qu'elle trahit que le complice de sa trahison. Il faut avouer qu'elle y était, sinon obligée, engagée, du fait que M. de Mora fût si malade et mortellement, du fait qu'il lui eût promis le mariage et, à cette fin, luttât si bien, jusqu'au plus fort de son mal, contre sa mère moribonde. Les circonstances mettaient Mlle de Lespinasse dans une grande difficulté d'être infidèle.

En n'éconduisant pas tout à coup M. de Mora, son cœur a choisi la solution sans doute, et à certains égards, la moins choquante. Il ne l'a pas choisie par un calcul, mais par une impulsion la moins prudente, la plus généreuse : en quelque sorte.

Sur le papier? J'entends, ses lettres à M. de Guibert. C'est là, je crois, qu'elle aurait dû laisser tranquille M. de Mora; tandis que — je sais bien qu'elle n'a que l'intention de le venger, — mais elle l'offre en sacrifice continuel à M. de

Guibert, qui n'en veut pas. Qu'elle soit dévorée de remords en secret, à la bonne heure ! c'est un hommage qu'elle rend à ce pauvre M. de Mora. Mais le remords sans cesse déclaré, s'il ne devient pas une offense, a pourtant quelque chose de désobligeant; M. de Mora ne sait pas qu'il est ainsi affiché tout juste à l'endroit où sa place ne serait pas, dans ces lettres ou dans cette chambre: mais elle, qui le sait, comment n'est-elle pas gênée de ce qu'elle fait?

L'on dira que c'est naïveté, candeur d'une demoiselle un peu tardivement surprise. Je le veux bien. Et c'est encore, avec une espèce d'ingénuité, perversité d'une liseuse de romans. Julie a lu l'autre *Julie,* ou la *Nouvelle Héloïse.* Et je ne dis pas qu'elle ait arrangé à plaisir son histoire d'amours et les péripéties de sa douleur à l'imitation d'un roman: ce que je crois est que, pour avoir lu ce roman-là et d'autres avec délices, elle a mieux pris son parti, sans gêne, volontiers, puis très complaisamment, d'une intrigue où elle ressemble à l'autre Julie entre Saint-Preux et M. de Wolmar. N'est-elle plus sincère? Mais si ! et l'est deux fois, pour ainsi dire, selon sa vraie nature et selon celle que lui ont donnée, vraie aussi, la lecture et la rêverie.

On a publié, sous le titre de *Portrait du marquis de Mora,* une notice que Mlle de Lespinasse avait écrite en 1773, dans le temps que M. de Mora vivait encore, et que M. de Guibert était déjà fort lié avec elle. Seulement, ce *Portrait du marquis de Mora*, c'est un portrait de M. de Guibert. On a pu s'y tromper: confusion fâcheuse ! et, pour l'auteur, une mésaventure qui n'a que trop d'analogie avec son aventure d'amoureuse.

VI

Pauvre Julie ! chaque fois qu'elle est sur le point d'aimer, son amour lui échappe. Au mois de mai 1773, il y avait une demi-année que M. de Mora était en Espagne; M. de Guibert lui devenait précieux: un voyage le tente. Il annonce qu'il a dessein de visiter les champs de bataille de la dernière guerre, la Prusse, et le roi Frédéric; voire, il poussera peut-être en Suède et en Russie ce mouvement de curiosité. Il ne dit pas combien de temps durera la promenade, à son estime, et dit seulement qu'il partira le 18 mai, un mardi.

Comme on l'abandonne, Julie ! Les départs de M. de Mora ont tous un air de nécessité: ce n'est point à M. de Mora qu'on reprocherait de partir, mais à Mlle de Lespinasse de ne point l'accompagner. Mais M. de Guibert s'en va bien aisément. Je ne crois pas qu'il s'en aille pour la raison que Mlle de Lespinasse, par tant d'amour, l'opprime: je crois qu'il est assez content de marquer sa désinvolture. Et Julie ne proteste pas. Elle a, et s'en est un jour vantée, un art de souffrir sans se plaindre : comme elle s'est beaucoup plainte, dans sa vie, supposons qu'elle a plus souffert encore. Puis elle considère M. de Guibert comme un grand homme et qu'on ne saurait garder dans ses jupes. Enfin, ses plaintes qui n'auraient eu aucun effet probablement, elle a raison de ne pas les répandre.

Elle fit, au moment que partit M. de Guibert, de gentilles choses. Il devait partir, à ce qu'il disait, le mardi. Le précédent samedi, elle lui adressa, poste restante, à Strasbourg, une lettre qui l'attendrait là-bas. Elle ne savait pas, disait-elle, l'impression qu'elle ressentirait de ce départ et doutait un peu d'avoir alors « la liberté et la volonté » de lui écrire: elle aurait trop de chagrin peut-être; aussi prenait-elle sans retard cette précaution. Elle lui demande déjà comment il a fait sa première étape, et sourit à songer qu'il ne s'est pas encore mis en route... « Adieu; je vous verrai demain... » Mais elle vient de recevoir une lettre d'Espagne, et qui l'a terriblement touchée : « Une lettre si pleine de confiance en mon sentiment ! Il me parle de moi, de ce que je pense, de mon âme, avec ce degré de connais-

sance et de certitude qu'on a lorsqu'on exprime ce que l'on sent vivement et fortement. » Plus elle est émue, et plus M. de Mora lui est cher: aussitôt ses remords lui font du bruit dans le cœur. Et bientôt ses remords tournent à un hommage pour M. de Guibert. Elle le tarabuste et lui rend les armes. Elle lui dit : « Ha ! mon Dieu, par quel charme, ou par quelle fatalité, êtes-vous venu me distraire ? » Et que n'est-elle morte au mois de septembre dernier, quand elle n'avait pas de torts envers M. de Mora ! elle ne l'aime pas moins qu'alors; mais, alors, elle l'aimait mieux... Et elle se demande si, demain, en revoyant M. de Guibert, elle n'aura nul embarras de songer qu'elle lui a écrit tout cela.

M. de Guibert eut à retarder d'un jour son départ et le dit à Mlle de Lespinasse. Le mercredi, elle pensa toute la journée qu'il s'en allait. Le lendemain jeudi, elle envoya chez lui demander s'il était bien parti et à quelle heure. Imprudents ou mal stylés, les domestiques de M. de Guibert dirent qu'ils ne savaient pas du tout quand il partirait, et qu'il était encore à Paris. Mlle de Lespinasse put douter qu'il ne vînt donc la revoir; mais il ne vint pas. Elle craignit — et le raconte — qu'il ne fût malade; et, deux minutes après cinq heures et demie, elle arrivait chez lui: cette fois, il venait de partir. Elle avoue

qu'elle aurait préféré qu'il fût malade et encore
chez lui; « cependant, et par une inconséquence
que je ne vous expliquerai pas, je me sentis soulagée en apprenant que vous étiez parti. » C'est
qu'il vaut mieux qu'il ne soit pas malade; c'est
qu'il vaut mieux qu'il soit parti plutôt que de rester en cachette et pour l'amour, qui sait? d'une
autre femme. Et c'est aussi qu'elle a besoin
d'être un peu sans lui, pour apaiser son cœur, à
ce qu'il semble. Elle lui dit : « Votre absence
m'a rendu le calme, mais aussi je me sens plus
triste; il faut que vous me le pardonniez et que
vous vous en contentiez. Je ne sais si je vous regrette, mais vous me manquez comme mon plaisir... » Ce qu'elle ajoute est bien joli encore;
mais elle avait tout dit en peu de mots.

Le lendemain, elle écrit derechef à son ami,
lequel a donc quitté Paris un jour plus tard qu'il
n'avait dit, et lui demande : « Est-ce à quelqu'un ou à vous que vous avez accordé ces vingt-
quatre heures? » S'il a cru qu'elle ne serait pas
jalouse, il est averti désormais.

Elle continuera de lui écrire. Et, d'abord, il
lui semblera devenu, dans la distance, une
ombre : « Tout ce que j'ai connu de vous a
disparu... » Elle lui écrira : « Je vous aime tendrement... » A peine vient-elle de le dire, elle
pousse un cri : c'est que, l'avant-veille, elle a

reçu d'Espagne une lettre... Elle ne pouvait la décacheter : « Je fus plus d'un quart d'heure sans mouvement, mon âme avait glacé mes sens... » Par bonheur, cette lettre, ce n'était rien de grave ni de très important... Mais elle n'est pas remise de son effroi et dit à M. de Guibert, avec une étonnante rapidité de tour : « Ho ! vous verrez comme je sais bien aimer ! Je ne fais qu'aimer, je ne sais qu'aimer... » Elle ajoute d'ailleurs que M. de Mora ne l'aurait assurément pas quittée sans y être obligé, comme a fait M. de Guibert. Et les idées lui remuent dans l'esprit d'une façon qu'il est malaisé de les suivre.

Elle voudrait mourir. Elle affirme qu'elle ne se repose que dans l'idée de la mort : elle ne s'y repose pas ; elle y mène plus d'entrain que de désespoir et s'y agite éperdument. Nous n'avons, de ses lettres, que celles qu'elle adressait à M. de Guibert. S'il fallait insérer parmi elles celles qu'elle adressait à M. de Mora, même ardeur sans doute et plus de chagrin, l'on n'y suffirait pas. C'est pourtant ce qu'elle avait à la fois dans le cœur et l'esprit, d'une manière inextricable et d'où elle n'aurait pas voulu sortir.

Le 20 juin, elle se plaint de n'avoir pas reçu de lettre de M. de Guibert; mais elle en a reçu de M. de Mora. Terribles nouvelles ! si

terribles qu'elle dit à M. de Guibert : « Je ne
saurais m'expliquer pourquoi je m'occupe de vous
dans ce moment-ci ! » Elle a passé toute la nuit
dans les larmes; son âme en est toute « abîmée ».
Puis, « quand j'ai pu avoir un mouvement qui ne
fût pas une douleur, j'ai pensé à vous et il me
semblait que, si vous aviez été ici, je vous aurais
mandé que je souffrais; et peut-être que vous
n'auriez pas refusé de venir... » Qu'a-t-elle
donc? Eh ! bien, ce sont les mauvaises nouvelles
qu'elle a reçues de M. de Mora qui la tourmentent. Il a craché le sang, on l'a saigné deux
fois : « Au moment du départ du courrier, il
était bien; mais l'hémorragie a pu recommencer:
le moyen de se calmer avec cette pensée? » Elle
dit à M. de Guibert : « Dites-moi si je me
trompe; quand mon âme souffre, ai-je tort de
chercher de la consolation dans la vôtre? » Voilà
comme il est vrai que le pauvre M. de Mora, qui
va mourir, la jette dans les bras de M. de Guibert.

Elle écrit à M. de Guibert : « Ha ! mon
Dieu, je crains pour sa vie... » Elle ajoute:
« Concevez-vous ce qui peut m'animer et ce qui
m'entraîne vers vous? » Elle entend qu'il en est
choqué : elle constate que c'est ainsi.

Elle dit qu'elle est, pour l'amour de M. de
Mora, « sur la roue » et que le supplice dure

depuis un an. Et elle ajoute que, seul, M. de Guibert a le pouvoir de lui calmer le moins du monde sa douleur.

Elle parle tout le temps à M. de Guibert de M. de Mora. Et M. de Mora, ne sait-il rien de M. de Guibert? Un jour, elle copie pour lui un passage d'une lettre de M. de Guibert, qu'elle a trouvé joli.

Quand elle parle de M. de Mora, — presque tous les jours, — elle n'atténue pas l'expression de sa ferveur, par égard pour M. de Guibert. Elle lui écrit qu' « à tous les instants » elle sacrifierait sa vie pour M. de Mora. Elle lui dit : « Je suis assurée que c'est l'homme du monde qui vous plairait et qui vous conviendrait le plus; il est plein d'âme, de chaleur, et... » Ici la page est déchirée; Mlle de Lespinasse continuait, probablement.

Elle dit à M. de Guibert : « Je veux vous aimer de tout mon cœur. » Elle lui dit qu'elle ne lui préfère absolument personne, excepté M. de Mora. Elle lui dit : « Un grand chagrin tue tout le reste. Il n'y a qu'un intérêt, qu'un plaisir, qu'un malheur et qu'un seul juge pour moi dans toute la nature... » C'est M. de Mora... « Songez que je ne tiens à la vie que par un point; s'il venait à m'échapper, je mourrais... » Et elle le dit comme elle le pense: que

M. de Mora meure, elle voudra mourir. Mais elle aime M. de Guibert et le lui dit; elle est si tendre, ce jour-là, qu'elle se repent d'avoir eu des remords, pour cet amour. C'est comme si toute l'excitation du sentiment qu'elle accorde à M. de Guibert lui venait, à elle, par un horrible subterfuge et qu'elle ignore absolument, de M. de Mora.

Un jour, le 25 juillet de cette année 1773, elle reproche à M. de Guibert de n'être pas sensible... Et lui, au fait, ne paraît pas animé pour elle de la même passion qu'elle a pour lui. Souvent, il néglige d'écrire: et cela, pendant des semaines, pendant un mois. Quand il écrit, c'est gentiment, avec amitié; à tant d'amour, il ne donne en récompense qu'une amitié sage, extrêmement sage. Est-ce qu'il ne lui écrit pas: « Ménagez-vous... Tâchez de calmer votre âme » ? Elle qui ne balance pas de dire que ses maux lui ont « égaré le jugement », « dépravé la raison »; et qui ajoute : « Je ne voudrais pas guérir ! » Elle est bien folle; et, lui, bien raisonnable ! Sans doute l'a-t-il d'abord trouvée, ce qu'elle était, une femme d'une très vive intelligence, chez qui les idées allaient au sentiment d'une façon très singulière, et qui avait dans la réunion de son cœur et de son esprit le plus d'attrait. Et il ne perdit pas la tête.

A peine était-il arrivé à Strasbourg, il avouait l'intention d'allonger son voyage et d'aller peut-être jusqu'en Russie. Mlle de Lespinasse en fut courroucée : « Les gens qui sont gouvernés par le besoin d'aimer ne vont jamais à Péters-bourg ! » déclare-t-elle; et c'est, pour rire, sous la forme d'un tel aphorisme : elle ne fait que semblant de rire. Et M. de Guibert, lui, ne s'était aucunement promis d'être un homme que l'amour mène.

De Strasbourg, il passe à Dresde, où Mlle de Lespinasse le poursuit de ses remontrances : « J'abhorre la Russie. Jusqu'à ce que vous eus-siez eu envie d'y aller, je ne haïssais que les Russes. Hé, mon Dieu, que verrez-vous là-bas? Tout ce qu'il faudrait fuir et pouvoir ignorer toute sa vie; vous verrez ce que votre âme déteste, l'esclavage et la tyrannie, la bassesse et l'inso-lence... » Elle y met de la politique et puis, de bonne foi, confesse que cette politique est au service de sa passion.

A Dresde, M. de Guibert n'écrivit point à son amie; et lui écrivit de Berlin: mais il était de mauvaise humeur, parce qu'il n'y avait pas trouvé le roi. En outre, les reproches que Mlle de Lespinasse lui faisait sur son absence l'impatien-taient, de sorte qu'il répliqua une bonne fois: et M. de Mora? Écoutez-la : « Vraiment, vous me faites une singulière question, *a-t-il de meilleures raisons que moi pour cette absence?* Ha ! oui, il en a de meilleures; il en a une absolue, et telle que, s'il vient à vaincre, le sacrifice de ma vie ne pourrait pas m'acquitter. Toutes les circonstances, tous les événements, toutes les raisons morales et physiques sont contre moi; mais il est si fort pour moi qu'il ne me permet pas d'avoir un doute sur son retour. » C'est que M. de Mora lui a juré de l'épouser à son retour; et, là-bas, auprès de sa mère, que fait-il? de la soigner, assurément; mais aussi de travailler à ce qu'elle lui permette d'épouser Mlle de Lespinasse. Il crache le sang, néanmoins, et n'a pas l'air d'un homme très sûr de ses lendemains: il aime, il sait aimer. Et M. de Guibert, qui veut aller à Pétersbourg !

Le roi de Prusse est rentré à Berlin. M. de Guibert l'a vu, environné d'une « vapeur magique », à ce qu'il dit. Qu'est-ce que cette vapeur? Une auréole, un nimbe que nos philosophes lui avaient composé? M. de Guibert en est de si bonne humeur qu'on dirait qu'il renonce à voyager jusqu'en Russie : « Cela, répond Mlle de Lespinasse, me fait un plaisir sensible. Oui, laissez-moi encore vous dire combien je trouve votre amitié aimable... » Évidemment !

Il faut pourtant quitter ce roi merveilleux; et

M. de Guibert, au mois de juillet, part pour
Vienne. M. de Guibert est un homme très intelligent: ce qu'il voit, dans maints pays, l'amuse
et lui donne à penser, dont le félicite Mlle de Lespinasse, mais avec un peu d'inquiétude : « Je
suis bien aise que vous mettiez de l'intérêt dans
votre voyage; je désire même que vous y trouviez
du plaisir, mais ce que je veux par-dessus tout,
c'est que vous regrettiez les gens qui vous
aiment... » Elle ne leur donne, à ces gens, le
pluriel que par mégarde ou coquetterie d'humilité... « Je voudrais que la Turquie, la Hongrie
et l'univers ne vous fissent pas oublier que vous
manquez à leur bonheur; et je voudrais encore
que vous revinssiez dans la résolution de ne pas
les quitter au moment où ils commenceront à
jouir du charme de votre amitié et de votre société. Adieu. » M. de Guibert alla de Vienne
à Breslau, puis revient à Vienne.

Et, le 8 août, il y avait bientôt trois mois qu'il
était parti. Mlle de Lespinasse le regrettait jusqu'à lui dire : « Oh ! l'amitié, ce bienfait de la
nature, est donc un nouveau malheur pour moi ! »
Que n'abrège-t-il, plutôt que de l'allonger, son
voyage? Que verrait-il, en aucun pays, de plus
intéressant que la Silésie?... Est-ce qu'il ne
parle pas, maintenant, d'aller jusqu'en Suède?
Ah ! quelle idée !... Elle lui dit qu'elle est mal-

heureuse, qu'elle est malade et qu'elle ne fait plus que l'attendre.

Est-il encore à Breslau, ou déjà de retour à Vienne, vers la mi-août, que la jambe lui fait mal. Et son amie le gronde: il ne se ménage pas; il se tuera de fatigue; il a grand tort de risquer sa santé à chaque instant: les souffrances physiques rapetissent l'âme, etc. En disant que les souffrances physiques rapetissent l'âme, elle ne pense plus à M. de Mora.

Une bonne nouvelle; bonne? excellente! M. de Guibert abrège décidément son voyage. Il ne va point en Suède; ni en Russie: mais la Suède, les derniers jours, le tentait davantage... Ah! Mlle de Lespinasse en est bien contente! Il faut pourtant qu'elle se tracasse le peu de chance qui vient de lui échoir. Elle est contente: elle est jalouse. Elle demande à M. de Guibert: « A qui donc faites-vous le sacrifice de la Suède? » Elle ne peut croire que ce soit à elle; et elle a raison : mais ce n'est non plus à personne et, si M. de Guibert ne pousse pas plus loin son voyage, il a d'autres raisons que de femmes. Et puis, cette bonne nouvelle, Mlle de Lespinasse ne l'a pas reçue directement: il fallait d'abord l'écrire à elle! « Je l'aurais su un jour plus tôt »: c'est tout ce qu'elle dit; ce n'est pas tout ce qu'elle pense.

A qui M. de Guibert a-t-il écrit, et non pas à Mlle de Lespinasse, qu'il abrégeait son voyage? Eh! mais, à M. d'Alembert! Comment le pauvre M. d'Alembert ne serait-il pas mêlé encore à cette aventure d'amour, la seconde où sa bien-aimée se divertisse de lui?

A présent, d'ailleurs, M. de Guibert ne dit plus qu'on l'attende à la fin de septembre, mais à la fin d'octobre. Et Mlle de Lespinasse est bien découragée; elle n'ose plus se forger nulle espérance.

Et puis, M. de Guibert la laisse sans nouvelles: cinq lettres d'elle n'ont pas eu de réponse. Elle se fâche; elle lui dit: « Ho! je vous hais de me faire connaître l'espérance, la crainte, la peine, le plaisir; je n'avais pas besoin de tout ce mouvement! » Elle ne vit plus que « dans les convulsions de la crainte et de la douleur ». Et c'est à devenir folle. Voici sa folie : « Je vis, j'existe si fort qu'il y a des moments où je me surprends à aimer à la folie jusqu'à mon malheur. » Il est temps que revienne M. de Guibert, s'il la peut apaiser le moins du monde: et ce n'est pas sûr.

M. de Guibert, qui depuis un mois n'écrivait plus à Mlle de Lespinasse, n'était pas sans excuse. Il avait suivi, auprès du roi de Prusse, les manœuvres de l'armée prussienne. Il avait pris les

fièvres et on le soignait à Breslau. Il va mieux; il
écrit enfin que, depuis la veille, il n'a plus de
fièvre. Ah ! quel émoi, pour Mlle de Lespinasse,
qui a aux deux bouts de l'Europe ses deux
amants, et tous les deux malades ! L'un à Madrid et l'autre à Breslau lui déchirent le cœur...
« Au nom de l'amitié, ne faites point de folie,
dormez, reposez-vous... » C'est tout ce qu'elle
ne sait pas faire, qu'elle recommande... « Et,
pour arriver plus tôt, ne risquez pas de n'arriver
jamais ! » Elle devine M. de Guibert, au ton de
sa lettre, bien faible, bien pâle et bien abattu;
car elle le voit, en le lisant, et voit qu'il est pâle.

Il est retourné de Breslau à Vienne. Là, suivant le conseil de Mlle de Lespinasse, il se soigne;
il suit le conseil qu'elle lui a donné de ne pas se
remettre en chemin trop vite, le suit, ce conseil,
avec tant de complaisance qu'elle va trouver
bientôt qu'il s'attarde. Au commencement d'octobre, il est encore à Vienne et si bien portant
qu'il ne sait plus s'il ne va pas ajouter un coin
d'Europe à son voyage. Mlle de Lespinasse se
récrie : « Revenez, revenez; ce serait une atrocité que de vous en aller ! » Il renonce à com-
mettre une atrocité; le 9 octobre, il part; sans se
presser beaucoup, il sera vers la fin du mois, à
Paris. C'est, en somme, ce qu'il avait promis
dernièrement.

M. de Guibert était encore loin de songer à son retour, il y avait des jours que Mlle de Lespinasse ne savait plus si elle désirait qu'il revînt, parce qu'elle se figurait ce retour et M. de Guibert tout différent de ce qu'elle l'avait quitté, peu attentif à elle et si recherché de tout le monde qu'il ne la distinguerait plus de la foule : « Vous viendrez de si loin, on s'intéressera tant à ce que vous aurez vu, on sera si charmé de vous voir, de vous entendre, qu'il n'y aura pas moyen de vous dérober à tant d'empressement... » Elle se disait cela, l'écrivait à M. de Guibert et puis, au bout du compte, répondait à ces finesses renchéries : « Hé ! bien, soit, je ne vous verrai guère, et je vous attendrai souvent: c'est quelque chose ! » Elle argumente ainsi de loin, à distance de jours comme on est à distance de lieues. Quand diminue la distance, elle a plus d'impatience; elle a plus de hâte, mais elle n'a pas plus de confiance et l'inquiétude lui rend son bonheur douteux.

Elle écrit à M. de Guibert, au mois de septembre; il est encore à Vienne et pour longtemps: « Revenez donc; je vois le temps s'écouler avec un plaisir que je ne puis exprimer... Mais, mon Dieu, il y a de la folie à me promettre quelque douceur, quelque consolation, de votre amitié. Vous avez acquis tant d'idées nouvelles, votre

âme a été agitée de tant de divers sentiments, qu'il ne restera pas trace de l'impression que vous aviez reçue par mon malheur et ma confiance... »
Au moment qu'il partait pour ce voyage, elle a cru qu'il devenait, pour elle, une ombre; maintenant, elle a peur de lui être devenue, elle aussi, une ombre: et ces deux ombres, désormais, se rencontreraient sans presque s'en apercevoir... « Hé! bien, venez toujours! » ajoute-t-elle, et sourit de soi, et sourit à lui.

Enfin, quand il fut aux approches de son retour, elle s'éprit de craintes nouvelles et urgentes. Elle empruntait l'idée de ces craintes à l'exacte réalité qu'on a sous les yeux ou qu'on imagine avec autant de netteté que si on la regardait en plein. A mesure que la distance diminue, les objets sortent d'une obscurité où se perdaient leur taille, leur importance et leur vérité: ils grandissent, et les voici. Maintenant, M. de Guibert n'est plus aucunement une ombre. Il est un homme et qui, avant de saluer son amie, Mlle de Lespinasse, au retour, fait d'abord une visite à sa maîtresse, Mme de Montsange. Celle-ci n'est point à Paris, mais dans sa maison de la Bretèche, de l'autre côté de Paris pour qui vient d'Europe. M. de Guibert n'arrivera que plus tard rue Saint-Dominique. Et Mlle de Lespinasse en est jalouse; elle l'avoue avec plus de douceur qu'elle ne le ressent... « Vous serez, écrit-elle, encore tout occupé de ce que vous aurez senti en revoyant ce que vous aimez. Convenez que, ce jour-là, vous serez plus éloigné de moi que vous ne l'étiez à Breslau. Mon Dieu, cela est juste ! Pourvu que, lorsque vous serez calme, vous reveniez à moi, je serai trop heureuse. » Telle est la jalousie; elle dit bien ce qu'elle entend.

M. de Guibert, là-dessus, badine et sourit, comme fait, de la jalousie, un homme qui n'est point jaloux : « Je vous verrai avant Elle. C'est sans doute parce qu'il faut que j'arrive à Paris d'abord... » Bref, il renonce à faire un crochet pour éviter Paris en allant à la Bretèche... Il ajoute, plus gentiment : « Mais Elle serait sur le chemin de Paris que, si je croyais que vos souffrances, votre santé, votre âme... » c'est Mlle de Lespinasse qui parle ainsi; et il prend le ton qu'il lui connaît... « eussent besoin de moi à un moment près, j'arriverais droit à vous. » C'est une aumône; Mlle de Lespinasse ne va pas la refuser.

Car M. de Guibert a une maîtresse; il a Mme de Montsange, comme aussi Mlle de Lespinasse a M. de Mora. Et, même si M. de Mora n'est point l'amant de Mlle de Lespinasse, il en a du moins, pour ainsi parler, le titre et le premier rang. Tel était le ton de l'amitié, entre Mlle de Lespinasse et M. de Guibert, que cette amitié nous semblait le nom modeste de l'amour. Et nous n'étions qu'à demi dans l'erreur. Mais à présent, voici que la modeste amitié attend sa récompense d'amour.

VII

Un bel hiver, pour Mlle de Lespinasse, un hiver d'amour !

M. de Mora lui donnait une moins vive inquiétude. Elle ne croyait pas qu'il dût jamais se guérir; elle ne le croyait pas non plus perdu à brève échéance. Mme de Fuentès était morte le 12 octobre; il en avait eu le plus grand chagrin: cependant, il survivait. Mlle de Lespinasse ne savait pas quand il reviendrait. M. de Guibert, lui, était revenu; il était là.

Est-ce que les absents ont toujours tort? Pour une personne telle que Mlle de Lespinasse, on présumerait plutôt le contraire : elle avait tant d'imagination qu'elle pouvait se démentir l'absence. Néanmoins, si M. de Mora n'eut pas tort, M. de Guibert, lui, eut raison.

M. de Guibert et Mlle de Lespinasse ne manquaient pas de se voir beaucoup. Mlle de Lespinasse trouvait pourtant l'occasion de lui écrire. Plusieurs billets que l'on a d'elle, et qui ne portent point de date, sont probablement de cette époque. Celui-ci paraît bien être du mois de novembre, qui est bien tendre et qui se termine ainsi: « Est-ce le matin, est-ce le soir, que je dois vous voir? J'aimerais le matin, parce que c'est plus tôt, et le soir parce que c'est plus longtemps; enfin j'aimerai ce que vous voudrez bien m'accorder. Bonsoir; je ne me suis pas endormie la nuit dernière. » Il l'avait sans doute, le dernier soir, enchantée d'une tendresse intelligente.

Elle lui écrit un soir, un dimanche, au mois de janvier. Sa lettre est gaie, plaisante, maligne: « Voici enfin ce livre; je ne vous le donne qu'à la condition que vous le donnerez à Mme de M... » Eh! c'est Mme de Montsauge, la maîtresse de M. de Guibert... « Quoique sa fille ne soit pas aussi enfant qu'Émilie, il lui sera encore utile. Il y a bien de ces dames aux plumes qui auraient besoin de le lire, mais elles n'en profiteraient pas; tout ce qui est bon sera toujours pour elles comme leurs plumes, fort au-dessus de leur tête... » Le livre, c'est les *Conversations d'Émilie,* que vient de publier Mme d'Épinay. Et je ne sais si Mme de Montsauge est, dans la pensée de Mlle de Lespinasse, l'une de ces dames

à plumes: elle n'a certainement pas beaucoup d'esprit. M. de Guibert a dû l'avouer quelque jour à Mlle de Lespinasse qui, sans charité, l'en taquinait au point qu'il répliquait : « Croyez-vous que, si j'en étais le maître, je ne changerais pas ses facultés contre les vôtres? » Ses facultés ! En ne parlant pas du reste, il n'est qu'à moitié poli : tant pis pour elle ! Mais, cette fois, elle recommence la taquinerie; elle y ajoute de supposer que Mme de Montsauge n'est pas dans la fleur de la jeunesse, si elle a une fille moins enfant que ne l'est Émilie. Mme de Montsauge était mariée depuis seize ou dix-sept ans. Elle n'avait assurément pas quarante ans; et Mlle de Lespinasse en a passé quarante et un. Eh ! c'est plus jeune, pour une amie, que trente-cinq pour une maîtresse !... Et la gaieté du badinage montre une Lespinasse que l'on n'a pas vue souvent, que l'on ne verra plus guère, si bien détendue, et rieuse.

Elle approche de son beau jour. Il en est temps: cette grande amoureuse de quarante et un an passés gardait une naïveté physique, assurément la plus honorable, mais qui rendrait son histoire un peu lente, et voire un peu ridicule, si elle se prolongeait des années encore.

Ce fut le 10 février de cette nouvelle année 1774. La date nous est connue par le témoi-

gnage même de la grande amoureuse : « Mon
sort est prononcé depuis le 10 de février, vous
aimer ou mourir », a-t-elle écrit à son amant.
Ce n'est malheureusement qu'une date; et les
détails manquent. Non que Mlle de Lespinasse,
qui a tant écrit à M. de Guibert, ne lui ait plus
parlé de ce beau jour: mais plus tard; et une circonstance que je dirai, puis d'autres événements,
lui avaient tout attristé alors son souvenir. N'allons pas au devant de ces tristesses, qui ne vien-
dront que bien assez vite. Pour le moment,
Mlle de Lespinasse est contente.

Elle avait pris, cet hiver-là, une loge à l'O-
péra, où l'accompagnait fort souvent M. de Guibert. Elle lui parle de cette loge dans une lettre
du mois de septembre suivant; elle lui dit : « Je
vais sans cesse à *Orphée*, et j'y vais seule. Mardi
encore, j'ai dit à mes amis que j'allais faire des
visites et j'ai été m'enfermer dans cette loge que
vous connaissez, où il y a un si bon canapé. » Au
mois d'octobre, M. de Guibert, qui n'est point
à Paris, se promet d'y rentrer bientôt, lui parle
d'*Iphigénie*, d'*Orphée*, qui lui ont « créé un
nouveau sens »; il ajoute : « J'en jouirai déli-
cieusement cet hiver; j'en jouirai avec vous dans
cette chambre où j'entendais si mal *Le devin de
village* et *Vertumne et Pomone!* » Cette chambre doit être un de ces petits salons qu'il y a

derrière les loges, où l'on se retire pendant les entr'actes, où il est possible que se tinssent, même pendant les actes, Mlle de Lespinasse et M. de Guibert, afin de n'être pas vus et remarqués trop souvent tous les deux ensemble; et l'on peut entendre de là et la musique et les paroles, si l'on est un peu attentif, comme ne l'étaient pas beaucoup ces deux amants, plus attentifs sans doute à leur amour. Le « si bon canapé » devait être dans cette « chambre ». Le marquis de Ségur en a conclu, mais il n'en savait rien, que Mlle de Lespinasse et M. de Guibert étaient dans cette chambre et sur ce canapé, le 10 février 1774, et qu'ils y demeurèrent un peu de temps, une fois l'opéra terminé. C'est possible. Mais rien ne m'engage à le croire; et nous ne savons en vérité que la date, non pas l'endroit où Mlle de Lespinasse eut, comme elle dit, son sort prononcé.

Qu'elle fût contente, je ne l'invente pas: je l'induis, avec une agréable assurance, de quelques lettres ou billets qu'elle adressa, les jours suivants, à M. de Guibert. Cette lettre-ci, par exemple: « Bonjour, mon ami. Avez-vous dormi? Comment êtes-vous? Vous verrai-je? Ha ! ne m'ôtez rien, le temps est si court, et je mets tant de prix à celui que j'emploie à vous voir ! Mon ami, je n'ai plus d'opium dans la tête ni dans le sang; j'y ai pis que cela; j'y ai ce qui ferait bénir le ciel, chérir la vie, si ce qu'on aime était animé du même mouvement. Mais, mon Dieu, ce qu'on aime est justement fait pour faire le tourment et le désespoir d'une âme sensible. Bonjour, je veux vous voir... Oui, vous devrez m'aimer à la folie: je n'exige rien, je pardonne tout et je n'ai jamais un moment d'humeur; mon ami, je suis parfaite, car je vous aime en perfection. » Que c'est joli, que c'est bien dit ! comme les mots sont à leur place et de manière à donner au sentiment la douceur d'une caresse !

Un autre jour, un dimanche après midi, vers trois heures : « Mon ami, je ne vous verrai pas, et vous me direz que ce n'est pas votre faute; mais, si vous aviez eu la millième partie du désir que j'ai de vous voir, vous seriez là, je serais heureuse. Non, j'ai tort, je souffrirais, mais je n'envierais pas les plaisirs du ciel. Mon ami, je vous aime comme il faut aimer, avec excès, avec folie, transport et désespoir... Savez-vous pourquoi je vous écris? C'est parce que cela me fait du bien. Vous ne vous en seriez jamais douté, si je ne vous l'avais dit. Mais, mon Dieu, où êtes-vous? Si vous avez du plaisir, je ne dois plus me plaindre de ce que vous m'enlevez le mien. » Il est moins assidu qu'elle; et il se sauve à chaque instant. Elle a une autre idée de l'amour, plus exigeante et qui le serait terriblement si elle n'y veillait avec le soin de n'être pas onéreuse à la frivolité de son amant.

Un vendredi, à deux heures : « Mon ami, en rentrant hier au soir, à minuit, j'ai trouvé votre lettre; je ne m'attendais pas à cette bonne fortune. Mais ce qui m'afflige, c'est la quantité de jours qui va se passer sans que je vous voie. Mon Dieu, si vous saviez ce que sont les jours, ce qu'est la vie, dénuée de l'intérêt et du plaisir de voir ! Mon ami, la dissipation, l'occupation, le mouvement vous suffisent; et moi, mon bonheur, c'est vous, ce n'est que vous; je ne voudrais pas vivre, si je ne devais vous voir et vous aimer tous les moments de ma vie. » Mais, lui, qui ne vient pas, il croit qu'une petite lettre le remplace, où il annonce qu'il ne peut venir.

Elle lui écrit un jour, et n'a point daté sa lettre que « de tous les instants de ma vie », sa plus courte lettre et pleine de toute sa vérité la plus ardente: « Mon ami, je souffre, je vous aime, et je vous attends. » Une telle petite lettre est un chef-d'œuvre où le cœur atteint sa plus parfaite réussite.

Voilà comme est heureuse Mlle de Lespinasse, au lendemain de son plaisir. Elle aime beaucoup plus M. de Guibert que lui ne l'aime, et le sait bien. Si elle n'en a aucune amertume, c'est que

pourtant il l'aime : elle, de l'aimer le plus, a de
l'orgueil et, de ce qu'il ne l'aime pas tant, le
traite un peu comme un frivole et, frivole, le
trouve joli.

Elle a aussi quelque mélancolie dans son bonheur; elle en a ce qu'il lui en faut pour sentir
mieux son bonheur et le sentir à sa guise. Toute
récente et neuve à l'amour, elle a énormément
vécu de la pensée de l'amour. Il se croit plus
informé, revenu des imaginations que l'on se
fait, un garçon qui en a vu d'autres: il est un
enfant, dont elle sourit. Et elle le voudrait peut-
être plus épris? Elle l'aime ainsi et, somme toute,
ne craint pas que manque l'amour, dans leur
entente: elle a de l'amour, elle en a pour deux,
elle en a pour compenser largement ce qu'il n'en
donne pas, lui, le frivole.

Il lui faudrait — alors, le cœur lui fleurirait
en joie souveraine — un sentiment de plus, le
seul que son amour ne lui procure pas, la sécu-
rité. M. de Guibert lui paraît un frivole; et elle
ne s'attend pas qu'il lui garde un attachement
qui n'ait pas de fin. Déjà, pendant qu'il l'aime
encore et dès qu'il l'a aimée, il a des moments,
il a des jours un peu distraits; sans l'oublier, il
la néglige: il l'oubliera. Elle le devine. Et ce
n'est pas une raison qu'elle refuse un amour
incertain: c'est une raison qu'elle le croie plus

précieux, cet amour, et, s'il est plus fragile, en ait un soin plus vigilant.

Mais le péril se prépare, d'un autre côté, plus terriblement. Elle n'a pas l'air de s'en douter. Elle s'en doute; elle en écarte la crainte. Et le voici.

L'un des premiers jours du mois de mars, et quand elle n'avait eu que deux ou trois semaines d'une félicité charmante, un peu étourdie, elle reçoit des nouvelles de M. de Mora. Quelles nouvelles? Les plus alarmantes. M. de Mora vient d'être secoué d'une crise où l'on a cru qu'il passerait. Il a, plus violemment que jamais, vomi le sang; il a défailli. Le peu de santé qui lui restait ne fait plus guère de résistance. Il se relève : la mort l'a touché; il appartient désormais à la mort, qui le prendra dans peu de temps. Et de quand, ces nouvelles? Par une terrible rencontre, du 10 février, du jour que Mlle de Lespinasse tombait dans les bras de M. de Guibert. Les hasards ont quelquefois l'air de la destinée.

Mlle de Lespinasse, qui apprend cela, en est frappée comme de mort, elle aussi. La nouvelle de l'accident qui met en si grand péril M. de Mora est annoncée à M. de Guibert; et par qui? mais probablement par d'Alembert, lui-même bien ému. Sans retard, M. de Guibert écrit à Mlle de Lespinasse, pour la plaindre; et, s'il n'est pas venu en personne lui apporter son témoignage, c'est discrétion. Elle, sous le coup de l'horrible nouvelle, n'a pu répondre de sa main. Elle écrit, le lundi 7 mars : « Je ne vous ai pas répondu moi-même. Si vous m'aimez, cela vous aura inquiété; et je serais désolée de vous causer une peine que je pouvais éviter. J'étais dans un état d'angoisse qui ressemblait à l'agonie et qui avait été précédé par un accès de larmes qui avait duré quatre heures. Non, jamais, jamais âme n'a senti un pareil désespoir. J'ai une espèce de terreur et d'effroi qui égare ma raison. J'attends mercredi... », c'est le jour qu'arrive le courrier d'Espagne... « et il me semble que la mort même n'est pas le remède suffisant à la perte que je crains. Je ne le sens que trop, il ne faut point de courage pour mourir, mais il est affreux de vivre. Il est au-dessus de mes forces de penser que peut-être ce que j'aime, ce qui m'aimait, ne m'entendra plus, ne viendra plus à mon secours. Il aura vu la mort avec horreur, parce que mon idée y était jointe... » Elle raconte à M. de Guibert que M. de Mora, ce 10 février, lui écrivait : « J'ai en moi de quoi vous faire oublier tout ce que je vous ai fait souffrir ! » Et, ce 10 février, c'est le jour que la crise s'est déclarée. Ce 10 février, c'est aussi le jour... Elle ne le dit point à

M. de Guibert, en lui écrivant ce lundi 7 mars : et lui, va-t-il s'en souvenir ? Je ne crois pas qu'elle s'y attende.

Les mauvaises nouvelles de M. de Mora seraient, pour Mlle de Lespinasse, un grand chagrin : mais, qu'elles datent de ce jour-là, c'est une autre calamité. Elle attendit le mercredi avec une mortelle impatience. Elle écrivait à M. Suard : « Je vous dis que je ne veux plus rester qu'un moment dans ce triste pays qu'on nomme la vie. D'après cela, voyez tout ce que je pense et jugez de tout ce que je ferai. » Elle lui écrivait, le mardi : « Les nouvelles de demain me délivreront peut-être de la vie. » Et ce fut d'Alembert qui alla chercher à la poste le courrier, le bon garçon ! Il écrit alors au duc de Villa Hermosa qu'il est venu, à perdre haleine, apporter les nouvelles à Mlle de Lespinasse : elle les attendait avec un effroi dont il était lui-même fort alarmé. Les nouvelles furent, quelque temps, détestables.

Que d'Alembert est donc gentil, cette fois encore ! Elle, peu de jours avant cela, dans l'égoïsme du bonheur où M. de Guibert l'avait mise, elle aurait voulu ne plus voir personne, excepté M. de Guibert. Elle lui écrivait, une fois qu'elle ne l'avait pas vu : « Ah ! ne me parlez plus de la ressource que je trouve dans la société; elle n'est pour moi qu'une contrainte insupportable et, si je pouvais déterminer M. d'Alembert à ne pas être avec moi, ma porte serait fermée. » Tout à coup, ce d'Alembert importun lui devient commode : et le voici, prêt à servir.

Elle est au désespoir. Le souvenir de son plaisir amoureux lui fait un remords. Elle enrage de n'avoir pas en haine M. de Guibert et de l'aimer par-dessus le remords. Le 10 février que l'amour et la mort, à Paris celui-ci, à Madrid celle-là, tous deux à l'ouvrage, coïncidaient d'une façon la plus cynique, dérisoire et abjecte, ce jour de joie tourne à un jour de colère, tourne à une grimace et à une caricature de lui-même, obscène et meurtrière.

Alors, elle veut tenter quelque chose. Il y a en elle un ressort d'énergie que le malheur n'a pas encore brisé. Elle se résout de sauver M. de Mora. Mais il est condamné? Elle le nie à elle-même. Condamné par qui? Par les médecins de là-bas, qui n'entendent rien à la médecine et qui saignent ce moribond, l'affaiblissent ainsi et puis, quand ils l'ont amené au dernier point, croient vous le requinquer en lui donnant, à forte dose, du fer. Tout ça ne vaut rien : c'est l'avis de Mlle de Lespinasse. Elle a consulté d'Alembert : il l'approuve. D'Alembert et elle s'adressent à Lorry, médecin fameux, docteur-régent de la Faculté de Paris, médecin du prince de Condé, qui jadis avait soigné M. de Mora, du temps que M. de Mora était à Paris. Lorry blâme sans barguigner les médecins de Madrid; et tous les trois, Lorry, d'Alembert et Mlle de Lespinasse, organisent une entreprise aux fins d'amener à Paris et de confier aux mains expertes de Lorry le malade, le moribond, ce Mora qui n'a presque plus l'âme chevillée au corps. D'Alembert écrit au duc de Villa Hermosa, et Lorry écrit à M. de Mora. Cela dure des jours, des semaines; cela trouble M. de Mora. Il va mieux; la crise passée, il en prépare une autre : il ne le sait pas, il recommence d'avoir un peu d'espoir. Et il a de l'amour au cœur.

Le 8 mai, Mlle de Lespinasse écrit à Condorcet : « M. de Mora devrait être en route pour revenir ici, du 4 de ce mois. C'était son projet encore, le 25 du mois dernier. Il était enrhumé, il était faible, ses crachats avaient été teints de sang peu de jours auparavant, si bien que, dans cette situation, je ne suis bien sûre que de sa volonté et de son désir... Il faudra que je le voie pour croire à son retour. » Fallait-il donc le mettre en route, dans de pareilles conditions ? Elle a tenté ce qu'il était possible de tenter encore; elle a tenté peut-être l'impossible.

Voilà comme elle écrit à Condorcet le 8 mai.

Et le 10, à M. de Guibert : « Vous ne me connaissez pas encore. Il est presque impossible de blesser mon amour-propre; et le cœur est si indulgent ! En effet, la soirée d'hier au soir ressemblait assez à ces insipides romans qui font bâiller tout ensemble l'auteur et ses lecteurs. Mais il faut dire, comme le roi de Prusse dans une occasion un peu plus mémorable : *Nous ferons mieux une autre fois.* Ce qui fait époque plaît ou fâche : voilà que vous n'oublierez jamais que, le jour de la mort de Louis XV, vous avez passé la soirée dans un profond sommeil. Croyez-moi, il y a des souvenirs plus douloureux que celui-là. Bonjour. » L'étrange lettre à cette date, et non pour la mort du roi, qui ne la touche guère, à ce qu'il semble, mais à cette date où elle croit que son pauvre Mora est en route, et ne croit guère qu'il arrive ! Aime-t-elle moins M. de Mora? ne l'aime-t-elle plus? Si ! avec une ardeur que rien n'éteindra. Mais elle l'a dit, et ne ment pas : M. de Guibert lui est tant qu'il la distrait de toute autre pensée, fût-ce de la pensée de son pauvre Mora. C'est une vérité qui l'épouvante et lui fait horreur, aussitôt qu'elle y songe; seulement, c'est une vérité qu'elle n'essaye pas de nier contre l'évidence.

Le surlendemain 12 mai, tard dans la nuit, elle écrit derechef à M. de Guibert : « Je parie que vous n'êtes pas aussi endormi aujourd'hui que vous l'étiez hier à cette heure-ci ; et cela est bien simple: vous êtes amusé, intéressé, et vous avez envie de plaire. Mon ami, vous n'êtes pas fait pour l'intimité... » Le frivole ! Tête à tête, la veille, avec sa chère Lespinasse, il s'ennuyait; il est ce soir dans le monde : elle devine qu'il s'amuse. Il est ainsi, l'on n'y peut rien. Et ce n'est pas vanité, de sa part, mais un besoin d'activité qui se dépense mieux dans une société un peu nombreuse que tête à tête avec son amie, les soirs de sagesse... « La confiance, la tendresse, cet oubli de soi et de tout amour-propre, tous ces biens sentis et appréciés par une âme tendre et passionnée, éteignent et engourdissent la vôtre. Oui, je le répète, vous n'avez pas besoin d'être aimé. » Elle lui écrit longuement, le mieux du monde et, avec une merveilleuse justesse, une étonnante lucidité, elle lui analyse leurs deux caractères, leurs deux idées de l'amour : comme il aime, ce n'est point aimer. Elle en souffre. Elle est bien surprise de l'ascendant qu'il a sur elle, quand elle sait qu'il ne le mérite pas. Elle lui dit : « Vous ne savez pas tout ce que vous avez à vaincre chaque fois que je vous vois ; vous ne vous doutez pas de tous les sacrifices que je vous fais; vous ne savez pas à quel point je renonce à moi pour être à vous. »

Les sacrifices qu'elle est obligée de lui faire?
« Je ne vous laisse voir qu'une partie de la sensibilité dont vous remplissez mon cœur, et je
retiens la passion que vous excitez dans mon
âme. Je me dis sans cesse : il n'y répondrait pas,
il ne m'entendrait pas, et je mourrais de douleur. » Elle lui explique tout cela qui, pénible
à elle, devrait l'être à lui aussi ; mais lui, s'en
moque. Lui, ne s'en doute pas.

Il le saura. Mais il le saura, lui, par l'intelligence : elle l'éprouve par le cœur. Et elle
tâche de lui traduire pour l'intelligence, qu'il
a très vive, ce qui est sentiment tout pur. Elle
s'irrite à cet effort et va jusqu'à dire au frivole : « Je sais du reste que je ne trouverai point
de consolation dans votre cœur, mon ami; il
est vide de tendresse et de sentiment. Vous n'a-
vez qu'un moyen de m'enlever à mes maux,
c'est en m'enivrant, et ce remède même est le
plus grand de mes malheurs... » Rudes pensées,
dans un doux langage ! Cet enivrement dont elle
parle est son plaisir d'amour depuis le 10 février. Ce 10 février lui a rendu l'amour un délice plus simple, et la frivolité de l'amant lui
réduit l'amour à ce délice, dont elle a grand
honte et remords, dont elle subit la suprématie
avec une étrange docilité.

Je ne crois pas qu'on ait plus nettement décrit tourment d'amour où l'on fût jamais. Cette Lespinasse, qui a des moments où la passion s'écrie en elle, à de ces moments d'une clairvoyance terrible et admirable.

Mais, quoi ! ne sait-elle pas que M. de Mora est en route? Elle le sait, le disait il y a quatre jours à Condorcet, disait aussi qu'elle doutait qu'il vînt à bout d'une route si longue. Or, ce 12 mai qu'elle écrit, passé minuit, à M. de Guibert, elle a vu quarante personnes dans sa journée : « Je n'en désirais qu'une, et dont sûrement la pensée ne s'est pas tournée une fois vers moi !... » Ce n'était pas M. de Mora qu'elle désirait : c'était M. de Guibert.

Et M. de Mora, lui, qui est en route, songe à elle ; mais elle ne songe pas à lui. Voilà tout un long bout de nuit qu'elle a donné à la seule et poignante rêverie de l'ingrat; cet ingrat, mais le favori, c'est M. de Guibert.

M. de Mora est en route. Elle croyait qu'il avait quitté Madrid le 4 : il était parti le 3. En quittant Madrid, ce jour-là, il se hâtait d'écrire à son amie et lui datait sa lettre ainsi : « Madrid, 3 de mai 1774; en montant en voiture pour vous voir. » Il voyageait accompagné de deux domestiques et de son médecin, mais ne voyageait pas à grandes journées, sans étapes, pour ainsi dire, comme l'autre fois qu'il était venu de Madrid à Paris d'une traite. Il n'allait pas vite; la maladie le retardait.

Il met vingt jours, de Madrid à Bordeaux seulement; alors, il écrit à son amie, sans perdre de temps : « De Bordeaux, 23 de mai 1774, en arrivant et presque mort... » C'est tout ce qui reste de ces deux lettres; ce peu de mots indique autant de zèle et d'amour que de souffrance. Mais, soit négligence ou attention de la destinée, Mlle de Lespinasse ne les reçut pas, ces deux lettres, avant tout un an.

A Bordeaux, M. de Mora dut s'aliter : il n'était plus en état de voyager, fût-ce avec imprudence. Il dut se tenir à l'auberge et se figura peut-être d'abord qu'il y prendrait assez de force pour faire la fin du chemin. Mais il avait toute sa vie usée. Il le sentit, le 27 mai, qu'il dépensa le peu qui lui restait pour écrire à Mlle Lespinasse : « J'allais vous voir, il faut mourir; quelle affreuse destinée ! Mais vous m'avez aimé, et vous me faites encore éprouver un sentiment doux. Je meurs pour vous... » Il reçut les derniers sacrements et mourut le jour même. On l'enterra le lendemain, après lui avoir ôté des doigts deux bagues, l'une qui contenait des cheveux de la bien-aimée, l'autre un anneau d'or où il avait fait graver ces mots : *Tout passe, hormis l'amour.*

VIII

Mlle de Lespinasse apprit le 2 juin la mort de
M. de Mora. Elle n'eut pas une douleur sage;
mais, selon sa nature, et puis afin d'honorer
mieux (comme elle le croyait) son bien-aimé qui
était mort, elle entra en véritable démence. Elle
eut des cris et des convulsions. Elle voulut mourir ; et ce fut M. de Guibert qui lui ôta le
poison.

Qu'est-ce qu'il fait là? Mais voudriez-vous
que M. de Wolmar prît avec indifférence la
mort de Saint-Preux et ne s'efforcât point de
consoler leur bien-aimée à tous les deux?

La douleur de Mlle de Lespinasse, qui s'attendrait qu'elle fût simple méjuge cette vive
personne. La simplicité dans la douleur, comme
dans le style, demande de l'étude et est l'œuvre
de l'art. Elle, Mlle de Lespinasse, qui se fie à
la nature, n'est pas simple, non plus que ne

l'est la nature. Elle a ce principe et qui lui est devenu habitude, — or, en de tels moments, va-t-on changer son habitude? — Elle a ce principe de préférer à la raison la sensibilité. Elle. se croit une extraordinaire puissance de « sentir »; elle s'en flatte. « Ce que je sens », dit-elle; et « mes sensations ». Elle dit : « Que les expressions sont faibles pour rendre ce que l'on sent fortement !... Oui, certainement, j'ai plus de sensations qu'il n'y a de mots pour les rendre. » Ce n'est pas le moment de la chicaner là-dessus. Mais, quand elle n'a pas le loisir de chercher, de trouver les mots qu'il lui faudrait, et sur-le-champ, pour suffire à l'expression d'une immense douleur, elle s'écrie. L'effort lui coûterait, comme à toute autre et plus encore, de s'apaiser le moins du monde : elle ne le fait pas; elle rougirait de le faire.

Les jours suivants, les mois, et jusqu'à sa mort, elle se rendit sa douleur plus poignante par un travail d'une extrême férocité contre elle-même. Elle se fit, du souvenir de M. de Mora, un instrument de supplice, une haine morale et une discipline pour le cœur ; ou, si l'on veut, elle s'en flagella.

M. de Mora qui meurt dans la folle entreprise de la venir voir avant de mourir, et meurt quand elle vient de le trahir, et a reçu le coup de la mort ce 10 février, le jour même de la première trahison : les circonstances sont frappantes et ont un air de représailles concertées. Je ne sais si elle aperçut d'abord tout le détail des coïncidences; elle le dénicha et voyez ce qu'elle en fit peu à peu. Le 10 février de l'année suivante, à minuit, voici comme elle écrit à M. de Guibert : « Minuit sonne, mon ami; je viens d'être frappée d'un souvenir qui glace mon sang. C'est le 10 février de l'année dernière que je fus enivrée d'un poison dont l'effet dure encore. Dans cet instant même, il altère la circulation de mon sang, il le porte à mon cœur avec plus de violence, il y ramène des regrets déchirants. Hélas ! par quelle fatalité faut-il que le sentiment du plaisir le plus vif et le plus doux soit lié au malheur le plus accablant? Quel affreux mélange ! » dit-elle; et M. de Guibert ne fait-il pas la grimace? Elle appelle « moment d'horreur et de plaisir » le minuit de l'année dernière; et elle invente, pour y loger parmi de funèbres apprêts le souvenir de ce moment, une machine assez absurde , enjolivée de rhétorique : un jeune homme lui apparut, quand donc? le 10 février de l'année dernière. Et c'était M. de Guibert : assurément ! Il avait sur le visage et la tendresse et la passion : sans doute ! Mlle de Lespinasse, en le voyant, qu'éprouva-t-elle? un effroi mêlé de plaisir. Tout cela s'entend de reste. Mais la Douleur en habits de deuil devançait le jeune homme, tendait les bras et voulait repousser Mlle de Lespinasse qui, en dépit de tout, cédait à l'attrait du jeune homme. Et, par une imperfection du récit, ce n'est pas la Douleur, c'est le jeune homme qui dit à Mlle de Lespinasse : « Infortunée, celui qui animait ta vie vient d'être frappé par la mort ! » Si M. de Guibert ne se rappelle pas avoir rien dit de ce genre, Mlle de Lespinasse lui épargne de s'y tromper : « Ha ! oui, mon ami, assure-t-elle, vos larmes prononçaient ces funestes mots. Je ne les entendis pas, et cependant ils se sont gravés dans mon cœur; il en frémit encore, et il vous aime ! » Elle est pénétrée de tristesse et fort troublée, dit-elle; et qui ne le verrait? « Mon Dieu, il y a un an qu'à pareille heure M. de Mora fut frappé du coup mortel : et moi, dans le même instant, à trois cents lieues de lui, j'étais plus cruelle et plus coupable que les ignorants barbares qui l'ont tué !... » Ce sont, à son estime, les médecins espagnols, qui l'ont tué... « Je meurs de regrets; mes yeux et mon cœur sont pleins de larmes. Adieu, mon ami; je n'aurais pas dû vous aimer. » Voilà comme elle se tracasse et le fait avec un acharnement malheureux.

Elle se repent d'avoir trahi M. de Mora, se repent de l'avoir trahi la nuit même que la mort mettait la main sur lui, se repent de sa faute et des coïncidences qui ne sont pas de sa faute. Elle se crée d'autres scrupules, imagine et se compose une fiction selon laquelle M. de Mora serait mort par la faute d'elle. M. de Guibert, avec un tranquille bon sens, lui remontre la vérité, lui reproche d'aggraver les maux dont elle souffre, en se figurant qu'elle pût être pour la moindre chose dans cette mort : « Il la portait dans son sein depuis deux ans et y avait échappé deux fois en Espagne; il en était parti mourant... » M. de Guibert, qui est en voyage et qui vient de passer quelques jours à Bordeaux, a recherché dans cette ville tout ce qui se pouvait apprendre au sujet de M. de Mora. Mlle de Lespinasse l'en avait prié. Il est allé voir le consul d'Espagne, et le consul lui a dit que M. de Mora serait mort ailleurs tout de même qu'à Bordeaux : le consul le tient du médecin. M. de Guibert a mille fois raison, mais sans difficulté, n'ayant pas le cœur en peine. Mlle de Lespinasse ne l'écoute pas et, comme en haine de soi, veut avoir tué M. de Mora.

Elle l'a tué — elle n'ose pas l'écrire; et ose-t-elle se le dire d'une si rude manière? — elle l'a tué en ne l'aimant plus.

Elle ne l'aimait plus? Voilà ce qu'elle n'avoue pas à elle-même. En tout cas, elle aimait aussi M. de Guibert; et cet amour-ci l'occupait le plus.

M. de Mora l'a-t-il su? Par qui? Par elle! Ah! oui, dans les premiers temps de cet amour et quand ce n'était encore amour que sous le nom d'une amitié, elle a dit à M. de Mora qu'elle « aimait beaucoup » M. de Guibert. Mais faut-il croire que M. de Mora en ait pris nul ombrage? Elle savait que non, quand elle le lui a dit : car elle le lui a dit. Depuis lors, depuis que la fausse amitié s'est déclarée en vrai amour, qu'a-t-elle dit à M. de Mora? Rien du tout! Mais elle se figure et tient à se figurer que son amour le plus vif, et dont M. de Guibert était l'objet, se voyait dans ses lettres, comme une petite fille naïve croit que son mensonge se voit sur le bout de son nez. Donc M. de Mora ne fut pas dans la pleine ignorance de sa disgrâce : Mlle de Lespinasse est convaincue d'avoir « troublé les derniers jours » de ce malade : « Il a connu pour la première fois le doute. Il passait de l'inquiétude à la crainte; ses lettres, ainsi que son cœur, étaient remplies de trouble et de douleur... » Elle le dit : à elle-même, pour se martyriser ; et à M. de Guibert aussi, pour le tourmenter.

Les lettres de M. de Mora sont détruites, de
sorte qu'il est impossible de savoir ce qu'il y
a de vérité, dans ce qu'elle dit. Je crois qu'elle
se fabrique des sujets de remords. La dernière
lettre de M. de Mora, qu'il lui a écrite le jour
de sa mort, est toute pleine d'un amour qui ne
paraît pas avoir aucun reproche à faire, qui ne
paraît troublé d'aucun soupçon, mais tout fervent de gratitude. Elle se met à la torture, et
voilà tout.

Un jour qu'un plus ardent désir l'anime de
venger M. de Mora sur M. de Guibert, de quoi
ne s'accuse-t-elle pas? « Oui, je m'en sou-
viens, j'avais osé concevoir l'abominable projet,
j'avais formé la résolution de porter la mort dans
le sein de mon ami, de l'abandonner, de cesser
de l'aimer comme il voulait l'être, comme il
méritait de l'être. Et ce sacrifice, mon Dieu,
quel en était l'objet? » Vous, M. de Guibert,
vous qui avez ce tort, et le payez, le grand tort
de n'être pas mort, quand l'autre a pour lui
tout le bénéfice de son malheur.

Pauvre Lespinasse, et absurde! on voit très
bien comment elle se fait ce procès : par un
détour des mots dans la phrase. On peut supposer qu'au moment de son plus vif amour,
quand M. de Guibert s'était emparé de toute sa
rêverie et, selon ses façons de dire, l'avait eni-

vrée, l'idée lui vint, lui passa dans l'esprit, de ne garder que cet amour en elle, et de rompre avec M. de Mora. Elle aurait dit à M. de Mora qu'elle ne l'aimait plus. Elle imagine que M. de Mora en serait mort; et elle rassemble tout cela, de manière qu'en résumé son idée fût de tuer M. de Mora.

Elle ne l'a pas fait. Mais il est mort. Elle en conclut qu'elle l'a fait. Or, elle a su que, dans les premiers temps que M. de Mora était à Madrid, quand il y était retourné l'avant-der-nière année avant sa mort, plusieurs personnes de sa famille, et sans doute sa sœur, la duchesse de Villa Hermosa plus que les autres, voulurent, pour le détacher de Mlle de Lespinasse, lui proposer de nouvelles amours : deux belles dames ne lui seraient pas cruelles, l'une dont je ne sais pas le nom, et la seconde, cette du-chesse de Huescar, toujours belle et qu'il avait aimée. Il a éconduit l'une et la seconde : celle-ci épousera plus tard le comte de Fuentès, après la mort de son ancien amant dont il est le père. Ainsi, M. de Mora, « le malheur, l'absence, la maladie, la séduction de deux femmes passion-nées dont il était l'unique objet, rien n'avait pu ébranler ni refroidir son âme de feu ». Et elle, Lespinasse? Elle a trahi cette âme de feu. Elle voudrait n'avoir jamais connu

M. de Guibert et s'être empoisonnée le 2 juin.

Pourquoi ne s'est-elle pas empoisonnée le 2 juin, quand elle apprit que M. de Mora était mort? C'est M. de Guibert qui l'en a empêchée : elle le lui reproche avec dureté; elle l'en injurie.

M. de Guibert, que ses injures n'offensent pas, lui prodigue les témoignages d'une tendresse bien avisée. Il lui écrit : « Pleurez, mon amie; mais ne dites pas que vous avez perdu tout ce qui vous aimait. Ne prenez pas la vie en haine et l'amour en horreur. La vie vous offre encore des consolations, des intérêts, des sentiments... » Elle ne veut rien entendre. Elle le traite comme un complice qu'elle aurait eu dans le crime d'assassiner M. de Mora. Il eut soin de ne pas être là trop constamment et sans doute le désira pour leur repos à tous les deux. Il passa dans le midi de la France tout l'été qui suivit la mort de M. de Mora. Mlle de Lespinasse lui écrivait beaucoup plus qu'il n'écrivait à elle. Et, un jour, il lui dit : « Que vous seriez cruelle, de ne pas m'écrire ! Que je vous saurai gré de l'effort ! Faites-le, mon amie, dût votre lettre être pleine de M. de Mora. » Et c'est que, dans toutes ces lettres de Mlle de Lespinasse à M. de Guibert, le défunt tient la grande place.

Je crois que, si M. de Mora n'était pas mort, s'il n'avait pas été mourant comme le sut Mlle de

Lespinasse environ trois semaines après le 10 février 1774, il allait à péricliter dans l'esprit de sa bien-aimée. N'avoue-t-elle pas que l'idée lui vint de rompre avec M. de Mora? Je le crois, et qu'il aurait fallu qu'elle le fît. C'est une merveille, — un peu comique, par moments, — qu'elle ait gardé si longtemps et, ma foi, près de deux années, une espèce d'égalité d'amour à ses deux amants. Elle dit et ne cesse de dire à M. de Guibert que M. de Mora est le préféré; mais le préféré n'est pas là et, quand elle se donne, c'est à l'autre qu'elle se donne. Depuis qu'elle s'est donnée, elle a beau dire, il n'y a plus d'égalité : il n'y en a plus, en fait; et la révélation de l'amour total, qu'elle doit à M. de Guibert, l'a détachée de M. de Mora, il faut bien qu'elle s'en aperçoive. Si elle refuse de s'en apercevoir et n'agit point en conséquence, on voit ce qui l'empêche : M. de Mora ne mourrait-il pas du chagrin de n'être pas aimé? A-t-elle le droit, ou l'abominable dureté, de réduire au désespoir un homme qui l'aime si ardemment que, tout moribond qu'il est, il n'a de rêve que de l'épouser et, pour la revoir avant de mourir, se met en périlleuse fatigue d'un long voyage? Autrement, ou je me trompe, elle l'eût délaissé. Mais il l'aime, lui, plus qu'elle ne l'aime désormais,

prise qu'elle est décidément par l'autre. L'autre
ne l'aime pas autant qu'elle est amoureuse de
lui. Elle ne peut compter sur lui. Écrivez ces
trois noms sur une ligne, M. de Mora, Mlle de
Lespinasse et M. de Guibert : de gauche à
droite, c'est le sens du plus grand amour; et,
de droite à gauche, le sens du moindre amour.
Les mieux aimants sont ici les moins aimés.
Voilà tout le drame de ces pauvres cœurs.

Et la péripétie : M. de Mora est mort. Si
M. de Guibert avait, pour Mlle de Lespinasse, autant d'amour qu'elle en a pour lui et si elle était
une âme qui cède à l'usage ordinaire des âmes,
elle plaindrait la mort de M. de Mora et peu à
peu viendrait à M. de Guibert qui, enfin, l'aurait toute. Mais elle ne suit pas l'usage ordinaire — et, peut-être, médiocre — des âmes :
c'est aussi que M. de Guibert ne veut pas d'elle
au point où elle serait à lui; elle le devine, elle
le sent. M. de Guibert refuse ou n'est pas en
état de recevoir l'héritage du mort. Ainsi, le
mort garde par devers lui sa part; il l'a plus
grande, et paradoxale, funèbre et pathétique. Le
mort, qui avant d'être mort n'était pas loin de la
défaite, est le vainqueur et l'est par l'œuvre ou
le seul fait de sa mort.

Qu'est-ce que devient, dans ces conditions
bizarres, l'amour de Mlle de Lespinasse pour

M. de Guibert? Une chose la plus extravagante qu'il y ait, une triste fureur et qu'il vaut mieux montrer que de vouloir la définir.

Un jour qu'elle n'est pas clémente, elle écrit à M. de Guibert : « Ce que je déteste et qui me rend méprisable à mes yeux, c'est l'excès de faiblesse qui m'a encore entraînée vers vous. J'ai prononcé que je vous aimais, j'y ai trouvé du plaisir : quel funeste poison !... Sans vous, je n'aurais pas connu le plus cruel des tourments, le remords. Sans vous, peut-être, je ne serais pas livrée aux regrets les plus déchirants... C'est vous qui avez fait le mal le plus cruel à l'homme le plus vertueux et qui méritait le plus d'être aimé. Ho ! jusqu'à quel point vous m'avez égarée et jetée au delà des bornes de la vertu... Ciel, n'y a-t-il donc point de vengeance ! Faut-il seulement se borner à haïr et à mourir ? Vous n'avez donc eu le pouvoir de me retenir à la vie que pour m'en mieux faire sentir toute l'horreur ? Je mourais pour M. de Mora, et vous m'avez fait vivre pour vous : mon crime était expié en ne lui survivant pas, mais le vôtre n'était pas achevé; il fallait combler mon malheur. Eh bien, soyez content, il n'y manque rien : j'ai rendu malheureux un homme qui ne vivait que pour moi; il a risqué sa vie, il s'est arraché à une famille, à des amis qui l'ado-

raient; il venait, disait-il, réchauffer un cœur
que l'absence avait refroidi, ranimer une âme
que le malheur avait rebutée, et ce projet lui a
donné la force de venir mourir à Bordeaux. Et
c'est moi, ou plutôt c'est vous, qui avez prononcé son arrêt... » M. de Guibert est un meur-
trier. Cela crie vengeance et Mlle de Lespinasse
n'a que haine pour son amant.

N'a-t-elle pour lui que haine? Amour aussi;
et quel amour ! Un jour qu'elle n'est pas le plus
inclémente, elle lui écrit : « J'abhorre l'égarement et la passion qui m'ont rendue si coupable... Mon ami, concevez-vous à quel point
je vous aime? Vous faites diversion aux regrets
et aux remords qui déchirent mon cœur : hélas !
ils suffisaient pour me délivrer d'une vie que je
déteste. Vous seul et ma douleur sont tout ce
qui me reste dans la nature entière. Je n'y ai
plus d'intérêt, plus de biens, plus d'amis : je
n'en ai pas besoin; vous aimer, vous voir, ou
mourir, voilà le dernier et l'unique vœu de mon
âme... » Autant d'amour que de haine ! Et
l'amour, on le voit, n'écarte pas le souvenir de
M. de Mora, mais l'accompagne, comme naît,
on l'a vu, de ce même souvenir, la haine aussi
déchaînée que l'amour.

Elle vient de dire à M. de Guibert que, l'aimer, le voir, ou mourir, tel est le vœu, l'unique

et le dernier, de son âme; elle ajoute : « La vôtre ne me répond pas; je le sais, et je ne m'en plains point. Par une bizarrerie que je sens, mais que je ne saurais vous expliquer, je suis loin de désirer de retrouver en vous tout ce que j'ai perdu : c'en serait trop. » Et, quand elle a tout juste fini de déclarer à M. de Guibert le grand amour, après la haine (ou en même temps), le grand amour qu'elle a pour lui, elle insiste, d'une façon la plus insolente, sur la médiocrité de l'amour qu'il est capable de donner : M. de Mora, c'était bien autre chose ! « Combien j'ai été aimée ! » s'écrie-t-elle : et non par M. de Guibert, mais par M. de Mora. « Plusieurs années s'étaient écoulées, remplies du charme et de la douleur inséparables d'une passion aussi forte que profonde, lorsque vous êtes venu verser du poison dans mon cœur, ravager mon âme par le trouble et le remords. Mon Dieu, que ne m'avez-vous pas fait souffrir ! Vous m'arrachiez à mon sentiment, et je voyais que vous n'étiez pas à moi. Comprenez-vous toute l'horreur de cette situation ? Comment vit-on au milieu de tant de maux ? Comment trouve-t-on encore de la douceur à dire : mon ami, je vous aime, mais avec tant de vérité et de tendresse qu'il n'est pas possible que votre âme soit à froid en m'écoutant ? Adieu. » Si M. de Guibert avait, en l'écoutant ou la lisant, l'âme à froid, comme elle dit? Je crois que oui : je ne crois pas qu'il fût assez amoureux d'elle pour que ses mauvais traitements lui parussent délicieux, ni le perpétuel rappel de M. de Mora, de ses vertus, de ses mérites, de son cœur, un sujet d'émulation.

Il a pour elle beaucoup d'égards, une patience admirable. Il l'assure qu'il a pour elle un attachement le plus intime et le plus vif. Et, s'il ne répond évidemment pas à chacune des lettres qu'il reçoit d'elle, il répond aux petits groupes successifs que ces lettres forment bien vite. Les passages les moins enflammés de passion lui plaisent le mieux et lui fournissent le thème de sa réponse. Elle lui dit — et ce n'est rien pour elle — que M. Turgot vient d'entrer au conseil et qu'il est contrôleur général : très bien ! répond-il. Elle lui dit : « Hélas ! je ne sais s'il n'aurait pas mieux valu ne pas vous connaître, ne pas vous aimer... » Là-dessus, il ne répond rien. C'est où elle trouve qu'il n'a point de cœur.

En pareil cas, elle lui écrit : « Ha ! que vous avez bien vengé M. de Mora ! Que vous me punissez cruellement du délire, de l'égarement qui m'ont entraînée vers vous ! Que je les déteste ! » Et il la laisse dire. Elle n'en est que plus fâchée.

Cet incroyable désordre de sentiments lui fatigue l'esprit et le cœur. Elle est chargée, elle est accablée de tels sentiments, comme d'un fardeau mal préparé pour les épaules d'un porteur. Elle en souffre.

Mais aussi, elle veut souffrir. Autrement, elle n'aurait pas grand'peine à mettre en ordre tout cela. Elle est assez intelligente pour ranger ses idées, les distinguer et, dans ses sentiments, voir un peu clair. Il y a de la mauvaise volonté à l'égard de soi, que prouve le désordre où elle se condamne. Elle y condamne également M. de Guibert et satisfait ainsi sa rancune. Elle a, contre M. de Guibert, une rancune, et que voici, qu'elle ne se résigne pas à formuler d'une façon bien nette, et ni pour elle ni pour lui, mais qu'elle sent avec beaucoup de force : en deux mots, son amour de M. de Guibert est — et l'offense d'être tel — plus sensuel que moral ou mental. Elle écrit à M. de Guibert : « Vous seul, mon ami, pouvez me faire connaître, non pas le bonheur, mais le plaisir. Quel funeste poison que le plaisir ! Il me retient à la vie en invoquant la mort. » Cette grande amoureuse, et qui est une vieille fille, et qui a des scrupules de toute sorte, les scrupules qu'elle a lui rendent son plaisir une honte. Elle éconduirait M. de Guibert, dans les moments qu'elle le hait davantage, si elle n'était retenue à lui par cet horrible attrait du plaisir, qu'elle déteste et ne dédaigne pas. Elle se drogue et, depuis sa jeunesse, abuse de l'opium : son amour lui est devenu un autre opium, dont elle ne sait plus se passer.

Voilà comme elle hait M. de Guibert, et l'aime d'une sorte que la haine n'atteint pas... « Et puis que l'on vienne nous parler de la spiritualité de l'âme, de son immortalité : pauvre machine ! » C'est elle qui écrit cela et, dans ce mépris de l'âme, cherche l'excuse d'être serve des sens. Elle est, par instants, à demi-folle. Et elle a, qui veille sur elle avec un dévouement parfait, M. d'Alembert. Elle s'en lasse; elle le prend en grippe. Elle écrit à M. de Guibert : « Si je ne vous paraissais pas trop ingrate, je vous dirais que je verrais partir avec une sorte de plaisir M. d'Alembert. Sa présence pèse sur mon âme, il me met mal avec moi-même, je me sens trop indigne de son amitié et de ses vertus... » Par tant de soins si attentifs, d'Alembert tâche de la consoler : « Mais c'est que je ne veux point me consoler; mes regrets me sont plus chers que tous les secours de l'amitié ! » réplique-t-elle.

IX

M. de Guibert est honnête homme et il a des vertus autant que d'agréments. Mais il aurait fallu qu'il fût un ange pour subir sans nulle faute le sort que lui fait Mlle de Lespinasse. Elle l'accable d'amour et l'assomme de haine; après cela, elle lui dit : « Tant de contradictions, tant de mouvements contraires, sont vrais et s'expliquent par ces mots : je vous aime ! » Il avait une autre idée, plus calme, de l'amour et, comme il n'avait pas le cœur pris au même point que Mlle de Lespinasse, il aurait voulu garder, dans les entournures, autant de liberté que dans le cœur.

Au mois de juillet 1774, environ six semaines après qu'arrivait à Paris la nouvelle que M. de Mora était mort, la vie ne lui parut pas commode auprès de leur amante affolée. Un beau jour, elle apprend qu'il n'est plus à Paris.

Elle l'a vu la veille au soir : il ne lui a rien dit
d'aucun projet de voyage. Il est parti... Alors,
elle se fâche. Elle lui écrit — et il trouvera la
lettre à son retour — que, si l'honnêteté l'avait
mis en route, il n'aurait pas fait si grand mystère de son départ : « Et, si ce voyage doit
offenser mon cœur, pourquoi le faites-vous? »
Elle ne sait pas où il est et lui demande si l'amitié la plus commune, à défaut de l'amour, ne
l'engageait pas à de meilleurs procédés. Elle a
bien l'air de soupçonner qu'il soit à la Bretèche,
auprès de sa chère Montsauge.

Il n'est pas à la Bretèche : il est dans l'Or-
léanais, au château de Courcelles-le-Roi, où
le reçoivent les parents de Mlle Louise-Alexandrine Boutinon des Hayes de Courcelles :
n'épousera-t-il pas cette jeune fille? Dans le
doute, il a cru bien faire en ne disant rien à
Mlle de Lespinasse : il a bien fait.

La lettre de Mlle de Lespinasse le répriman-
dait sur un ton de sévérité un peu sotte; plutôt
que de se lamenter, elle le grondait : au lieu de
l'apitoyer, elle l'impatienta. On lui fit tenir
cette lettre au château de Courcelles; s'il ne
l'avait trouvée qu'à son retour, peut-être l'eût-
il mieux tolérée. Là-bas, quand il était auprès
de cette jeune fille et la jugeait digne de son
attention, Mlle de Lespinasse eut tous les torts.

Il répondit, et plus vite que d'habitude; Mlle de Lespinasse reçut la réponse, et non par le courrier de la poste, où elle vit le soin qu'il avait de lui cacher le lieu de son séjour. Quelle réponse ! Très cavalière, insolente même; et, bref, il envoyait promener Mlle de Lespinasse.

Ah ! que d'amertume elle mit dans sa réplique, et de douleur et d'une rhétorique où c'est tout de bon le cœur qui parle et parle bien : « Jugez-moi folle, si vous voulez, croyez-moi injuste, enfin tout ce qu'il vous plaira; mais cela ne m'empêchera pas de vous dire que je ne crois pas, de ma vie, avoir reçu une impression plus pénible, plus flétrissante que celle que m'a faite votre lettre... » Il a pensé lui faire beaucoup de peine? Eh ! bien, non : ce n'est que l'amour-propre qui a souffert en elle, non pas l'amour, et il ne s'agit plus d'amour. Elle est humiliée d'avoir pu donner à personne, et par exemple à M. de Guibert, le droit de lui parler ainsi. Elle se dit que M. de Mora, s'il vivait et lisait la lettre de M. de Guibert, pardonnerait à elle et, lui, le haïrait... « Comment avez-vous osé, comment avez-vous pu vous résoudre à former des caractères qui, s'ils étaient tombés sous d'autres yeux, me déshonoreraient et me perdraient à jamais ! Si c'est là l'expression de ce que vous pensez et de ce que vous sentez pour moi, croyez au moins que je ne serai pas assez vile pour me justifier et pour vous demander grâce... C'en est donc fait !... » Il sera pour elle comme s'il n'existait pas : s'il ne lui laissait pas de remords, elle espèrerait l'oublier. Elle essaye de lui écrire le plus sèchement du monde. Elle lui avait écrit l'avant-veille, et sa lettre de l'avant-veille attendait le courrier pour être expédiée : une lettre qui, celle-là, n'était pas sèche, mais pleine de larmes que l'amour lui faisait répandre. Au moment d'adresser à M. de Guibert la seconde lettre qui consacre leur rupture, elle a une faiblesse qui l'engage à ne pas laisser partir la seconde lettre sans l'autre, la lettre de rupture sans le dernier témoignage d'amour. Et elle ajoute : « Pourquoi donc me plaindre? Ha ! pourquoi? Parce qu'un malade qui est condamné attend encore son médecin, parce que ses yeux se lèvent encore sur les siens pour y chercher de l'espérance, parce que le dernier mouvement de la douleur est la plainte, parce que le dernier accent de l'âme est un cri. » C'est beau : avec un peu d'apprêt, sans doute : l'autre Julie, nouvelle Héloïse, n'eût pas mieux fait.

Pourquoi M. de Guibert a-t-il écrit à Mlle de Lespinasse d'une telle façon qu'elle eût à lui répondre ainsi? Mais elle l'ennuie : et il veut rompre. Il l'a voulu un instant : bientôt ni elle ni lui-même ne l'ont plus voulu.

Leurs querelles étaient fréquentes. Une autre fois, ce fut à propos de Mme de Montsauge. M. de Guibert se vantait à Mlle de Lespinasse de n'être plus l'amant de cette dame : leur liaison ne durait, disait-il, qu'en amitié. Mlle de Lespinasse eut l'occasion de craindre que cette amitié ne fût le nom d'un vieil amour et beaucoup plus persévérant qu'elle ne l'aurait voulu. Elle en subit tous les tourments de jalousie et ne les subit pas sans crier. Dans sa colère, elle imagine de se venger et, ce trompeur, de le réduire à une espèce d'amitié mondaine : il saura ainsi ce que devrait être, et tout au plus, son amitié pour Mme de Montsauge. Elle lui écrit : « Ayez assez d'honnêteté pour cesser de me persécuter. Je n'ai qu'une volonté, je n'ai qu'un besoin : c'est de ne plus vous voir en particulier... Épargnez-moi le chagrin et l'embarras de vous faire exclure à ma porte dans les heures où je suis seule... » Et, s'il tentait de prendre cette défense pour habile, elle l'avertit de n'en rien faire. Qu'il vienne, et on le recevra, depuis cinq heures jusqu'à neuf; mais, s'il prétend des privilèges, elle le lui dit pour la dernière fois, c'est rendre à son amie « la force du désespoir ». Enfin, « par pitié, laissez-moi; sinon

vous connaîtrez le remords ! » Il ne connut pas
le remords : elle eut la bonté de ne pas se tuer;
et bientôt il rentrait en grâce.

M. de Guibert devait passer les mois d'été
à Fontneuve, près de Montauban, chez son père,
et n'irait pas tout droit là-bas, mais en chemin
ferait à des parents ou des amis quelques visites
de plusieurs jours. Il eut le projet de partir à
la fin de juillet ; un rhume, qui, selon les craintes
de Mlle de Lespinasse, pouvait tourner en fluxion
de la poitrine, le retint à la maison. Bref, il ne
partit qu'à la mi-août. Ce ne fut pas sans bou-
leverser Mlle de Lespinasse. Un incident la mit
hors d'elle, par une imprudence de M. de Guibert.

Il quittait Paris pour trois mois et deux personnes en avaient beaucoup de peine : Mlle de
Lespinasse, évidemment, et puis Mme de Montsauge, qu'il ne faut pas qu'on oublie. Mme de
Montsauge vint, de la Bretèche, passer quelques jours à Paris pour les adieux. Et M. de
Guibert ne s'en allait jamais, on l'a remarqué,
le jour qu'il avait dit d'abord. Du samedi 14,
il remit au lendemain. Mlle de Lespinasse le sut
de lui-même et sut aussi que Mme de Montsauge
avait été dernièrement à Paris, mais elle ne l'y
croyait plus. Ce samedi, M. de Guibert le
donna tout à Mme de Montsauge, et ne vit pas

Mlle de Lespinasse; puis, le lendemain matin, de bonne heure, il ne manqua point d'aller lui faire ses adieux, avant de prendre sa voiture pour Chartres, qui était sa première étape. On imagine Mlle de Lespinasse, dans les adieux. Il part; et, le soir, sur les dix heures, il est à Chartres. Il y vient d'arriver qu'il écrit à Mlle de Lespinasse, en très bons termes et très bien fervents.

Il se la figure peut-être occupée de lui écrire, d'une façon la plus tendre et amoureuse. Mais ce n'est pas du tout ça, pas du tout !

Il n'était parti que depuis une heure : elle apprit, je ne sais comment, que Mme de Montsauge n'avait quitté Paris que la veille. Aussitôt, elle a tout compris, avec horreur : c'est pour Mme de Montsauge qu'il a retardé son départ; et c'est pour Mme de Montsauge qu'il ne l'est pas venu voir, elle, Mlle de Lespinasse, le samedi, veille de son départ et dernier jour et dernier soir qu'il aurait eu à lui donner. Voilà ce qu'il lui a fait d'abominable, dont elle se fâche: et il le saura !

Il ne le sait pas encore; et c'est ainsi que, de Chartres, en arrivant, il écrit comme si de rien n'était. Il quitte Chartres le lendemain matin et, le soir même, arrive à Rochambeau, qui est le château du comte de Rochambeau, non loin de

Vendôme. Il écrit à Mlle de Lespinasse le mardi et lui conte qu'il n'a pas trouvé M. de Rochambeau chez lui : c'est un jour perdu : il ne sera que jeudi soir à Chanteloup. Mais il n'attend de lettre d'elle qu'à Bordeaux.

Elle ne lui écrivit gentiment que neuf jours plus tard, douze jours après qu'il avait quitté Paris. Elle lui dit ce qu'elle a su, touchant Mme de Montsauge et lui : « Je crus que vous aviez été trop affligé de vos adieux pour pouvoir me voir le moment d'après... Je crus tout ce qui pouvait m'affliger davantage : j'étais trompée, vous étiez coupable, vous veniez dans le moment même d'abuser ma tendresse... Je me sentais au comble du malheur, je ne pouvais plus vous aimer, j'abhorrais les moments de consolation et de plaisir que je vous devais... Vous remplissiez mon âme de remords; vous me faisiez éprouver un plus grand mal encore, celui de vous haïr; oui, mon ami, vous haïr... » Dans cette alarme, elle s'était résolue de ne plus ouvrir aucune lettre qu'elle reçût de lui. Elle ouvrit pourtant la lettre de Chartres, pour savoir s'il allait bien.

Il allait bien; mais il écrivait d'une façon vague. Elle n'ouvrit pas la lettre de Rochambeau. Elle la reçut le samedi et la mit dans un portefeuille; elle en eut un violent battement de

cœur. Et, cette lettre, que de fois la reprit-elle
dans le portefeuille, pour en lire et en relire
l'adresse, pour la toucher ! ainsi, pendant
quatre jours. Enfin, le mercredi, n'ayant pas
reçu de lettre de Chanteloup, elle se dit qu'il
est peut-être malade : « et, sans savoir ce que
je faisais, ni à quoi je cédais, votre lettre était
lue, relue, mouillée de mes larmes, avant que
j'eusse pensé que je ne devais pas la lire... »
Elle n'en veut plus à M. de Guibert; elle
l'aime et n'a de plaisir qu'à l'en assurer.

Voilà une bonne lettre. M. de Guibert, s'il
l'avait reçue tout de go, n'aurait pas été puni
selon ses mérites. Mais il trouva d'abord, à
Bordeaux, un court billet que lui avait adressé
Mlle de Lespinasse dans le premier moment de
sa colère, une page, dit-il, « froide et sèche,
telle qu'on l'écrit à un homme avec lequel on
veut rompre tout commerce ». Mlle de Lespinasse l'y traitait de faux et de malhonnête, et
ne lui disait pas autrement ce qu'elle avait à lui
reprocher. Il le devine, ou quasiment, et lui
répond : « J'ai été entraîné vers vous, et en
même temps que je l'étais, je ne vous ai pas
caché ce qui m'attachait, me ramenait malgré
moi à un autre objet... » Montsauge, cet
objet... « Vous avez vu mes combats, mes regrets, mes déchirements. Cette malheureuse po-

sition m'a souvent forcé à des réticences, à des mensonges si vous voulez les appeler ainsi, dont le principe n'a jamais été que de la délicatesse et mon sentiment pour vous. J'aurais cru mériter votre indulgence, et non pas vous faire horreur... » C'est le mot que Mlle de Lespinasse emploie : il le trouve dur.

Enfin, voici la seconde lettre, où Mlle de Lespinasse, n'étant plus fâchée contre lui, l'aime et lui dit qu'elle l'aime. Ah ! qu'il est content et la remercie avec transport ! Il est si content qu'il en devient la même imprudence. Elle lui pardonne : aussitôt, avec une dangereuse exubérance, il parle, il parle, et de la faute qu'il a commise. « Je vous ai caché que Mme de M... était partie le samedi au soir pour la Bretèche, que je l'avais vue. En effet, elle partit à neuf heures du soir. Je restai jusqu'à cette heure-là avec elle et, vous l'avez deviné, je ne voulus pas, en la quittant, aller chez vous; je rentrai chez moi. Je m'étais séparé d'elle avec attendrissement, et cette émotion était venue d'elle. Quelques larmes avaient mouillé ses yeux... » Il a tort; il ferait mieux de n'en rien dire et de se taire : il ne voit pas, il devrait deviner, que Mlle de Lespinasse n'aime pas ça et que les larmes de Mme de Montsauge la mettent de mauvaise humeur. Il continue : « Ce n'est plus que de l'amitié (me disait-elle) qui l'agitait ainsi... » Mlle de Lespinasse n'en va rien croire; et il ajoute : « Mais c'est de l'amitié vive, tendre, telle qu'elle aurait une peine mortelle si je pouvais jamais l'oublier, et elle craignait que cela ne fût bien avancé; elle me reprochait tant de liaisons qui m'éloignaient d'elle, elle me citait la nôtre... » Il voudrait que Mlle de Lespinasse triomphât d'exciter l'envie de sa rivale; mais, elle, ne veut pas de rivale, et rage. Il continue : « Je suis resté chez moi, agité de cette séparation, incapable d'aller chez vous, incapable d'être ailleurs qu'avec moi-même. J'ai passé une partie de la nuit à m'examiner et à ne pas me concevoir, à sentir que je n'étais pas guéri... » Guéri, de quoi? mais de l'amitié de Mme de Montsauge... « et que cependant vous m'étiez chère. » Ah! ce n'est pas trop dire... Elle rage, elle rage. Lui, je ne sais quelle mouche le pique, d'aller ainsi, au rebours du bon sens, persécuter de son récit la pauvre Lespinasse, qui rage, qui rage.

Et, comme il a deux amantes, le voici tout émerveillé de lui, de son cœur : « Quel labyrinthe, que mon cœur! » Il en cherche le fil, pour le donner à Lespinasse. Et, sur les mensonges qu'il avouait tout à l'heure, il ergote : ce sont des réticences, dit-il, plutôt que des mensonges. Il déteste pourtant ses réticences et voudrait avoir l'âme assez pure, assez parfaite pour la montrer à Lespinasse tout le temps. Après cela, est-ce qu'il n'a pas dit exactement tout ce qu'il fallait ne pas dire? Non; il trouve encore ceci : « Eh! grands dieux, n'y a-t-il pas, entre votre situation et la mienne, des rapports qui doivent exciter votre indulgence? Vous m'aimez, et votre âme est remplie de M. de Mora. Si je vous proposais de vous détacher de son souvenir, ce serait vous arracher la vie. Mon amie, nous sommes, vous et moi, d'étranges exemples de l'activité du cœur humain. » Les derniers mots sont assez drôles et trahissent la prétention par laquelle ces âmes coupables tâchent, non d'excuser, qui ne les contenterait pas, mais de glorifier leur toquade ou leur folie, la prétention à la bizarrerie. Là-dessus, il est vrai que M. de Guibert et Mlle de Lespinasse ont de l'analogie; mais il ne fallait pas le dire à Mlle de Lespinasse! Il ne fallait pas lui mettre en comparaison cette Mme de Montsauge, pour qui elle n'a que mépris, et le défunt M. de Mora dont elle adore le souvenir. M. de Guibert, en le faisant, risque de rudes représailles.

Elle se prit d'une colère à tout casser, à leur briser le cœur à tous les deux. Elle écrivait à M. de Guibert, le 3 septembre, qu'elle main-

tenait l'une de ses deux lettres à lui adressées
depuis qu'il était parti : la première, celle qu'il
avait trouvée « sèche » et « froide ». Elle en
voulait garder la sécheresse et la froideur. Elle
regrettait de lui avoir, depuis lors, dit qu'elle
l'aimait, d'avoir eu plaisir à ce mot. Quoi ! il
se confesse — ou il se vante — d'un sentiment
qui le ramène malgré lui à Mme de Montsauge?
Et il a dit à quelqu'un — c'est au comte de
Crillon : Mlle de Lespinasse ne le nomme pas;
mais lui, M. de Guibert, le sait bien — il a dit
à M. de Crillon qu'il n'était plus amoureux de
Mme de Montsauge et qu'il n'avait plus qu'un
désir, de se marier. M. de Crillon, qui ne sait
pas qu'il soit l'amant de Mlle de Lespinasse,
l'a dit à elle. Et elle, alors : « Comment ac-
cordez-vous tout cela? N'est-ce que de la mo-
bilité, ou cela n'irait-il pas jusqu'à la fausseté?
Je ne cherche point à vous ménager; je veux du
moins goûter la satisfaction de vous prononcer
toute ma pensée... Ainsi, je suppose le pis. Je
le vois, je le crois, et je suis assez forte pour
le supporter. Perdez donc cette lettre, suivant
votre usage, ou gardez-la, si vous l'aimez mieux,
pour la lire à cet objet qui vous est si cher et
avec qui vous avez une conduite si délicate.
En un mot, faites de ce que je vous dis l'usage
qu'il vous plaira. Je ne saurais plus rien craindre

de vous. Vous n'avez été vraiment dangereux
pour moi que lorsque j'ai pu vous croire sensible
et vertueux... » etc. Le dernier mot de la lettre
est l'annonce d'une vengeance.

M. de Guibert était arrivé à Fontneuve, qui
est aux environs de Montauban. La distance fit
que leurs lettres ne leur parvenaient que tard. Le
9 septembre, M. de Guibert n'avait pas reçu
encore la lettre par où Mlle de Lespinasse lui
déclarait sa colère; et il lui écrit d'une façon
qu'il n'aurait pas s'il se doutait de ce qui l'attend.

Il est triste; l'avenir l'inquiète, et mille peines
le rendent maussade. Il a une petite nièce, qui
est orpheline et sans fortune. Cette petite nièce
a un frère dont il voudrait s'occuper; mais il
manque d'argent. Son père est menacé de la
ruine, à cause d'un édit de l'abbé Terray qui
fait rentrer le roi dans ses domaines; et les
douze mille livres de rentes de M. de Guibert
le père lui proviennent d'un domaine du roi. Il
a une mère et deux sœurs qui, à la mort de son
père, lui seront à charge. Il a — ce n'est pas
tout ce qu'il a — mais il a quelques dettes. Les
séjours qu'il fait à Paris tous les ans, pour ses
« affections », lui coûtent cher : plus cher encore, ses voyages. Et sa fierté l'empêche de
rien espérer du gouvernement. Bref, il ne voit

plus de ressource que de s'enterrer en province,
loin de ce qu'il aime, loin de ses études... « Entrez dans toutes ces réflexions, mon amie, et
voyez s'il est extraordinaire que mon esprit soit
triste et agité. Dans la perplexité où je suis,
avec l'avenir que j'entrevois, me marier est peut-être le seul moyen d'échapper à mes dettes,
d'affermir la fortune de ma famille, de pouvoir
lui devenir secourable... » Plusieurs partis se
sont présentés : il les a tous refusés. Pourquoi?
Mais, tout simplement, parce qu'il lui déplairait
d'habiter la province. Il lui faut, et il le dit,
Mlle de Lespinasse et les amis qu'on voit chez
elle. Il lui faut, et il ne le nie pas, Mme de Montsauge : ce n'est plus amitié ni amour, mais
« habitude » et « attrait ». Il se figure Mlle de
Lespinasse bien apaisée, pour oser lui parler
ainsi !... D'ailleurs, il compte recevoir une lettre
d'elle demain matin. Les lettres arrivent à huit
heures : « Je serai au bout de l'avenue pour les
attendre... » Et, sa lettre, il ne la fermera que
demain.

La lettre qu'on lui remit, au bout de l'avenue, le lendemain matin, ce fut la lettre de la
grande colère. Il en fut étonné, accablé. Quelle
dureté sans exemple ! « Si je vous revois jamais, si vos injustices ne finissent pas par mettre
une séparation éternelle entre vous et moi, que

vous rougirez en relisant votre lettre ! » Il ne
la brûle pas; il ne la perdra point : il la garde
précieusement. Ce n'est pas pour la montrer à
Mme de Montsauge, mais pour la montrer un
jour à Mlle de Lespinasse, s'il la revoit.
« Adieu. Vous me faites connaître les regrets,
et point les remords. C'est sans doute pour la
dernière fois que vous m'écrivez. En effet, pour
m'outrager, pour me dire que vous me haïssez,
il vaut mieux m'abandonner tout à fait. Je m'a-
dresserai à vos amis pour avoir des nouvelles de
votre santé. » Cette fois, n'est-ce pas la rupture? Et, s'il songe à se marier, la rupture serait, pour lui, tout à fait opportune.

Mais non, ce n'est pas la rupture ! M. de
Guibert la voudrait-il? En tout cas, Mlle de Lespinasse la refuse. Elle a dit qu'elle la voulait;
elle a cru la vouloir et n'en veut pas.

Ce que fit M. de Guibert, et qui permettait
de revenir sur la déclaration de cette rupture, —
Mlle de Lespinasse en profita, — fut de lui envoyer à la fois, ses deux lettres, la triste dans
la même enveloppe que la courroucée. Mlle de
Lespinasse, quand elle les reçut, venait d'écrire
à son ami la lettre la plus difficilement sereine
qu'il y eût. Elle lui disait qu'elle ne le haïssait
plus, ne l'aimait plus d'amour et transformait
en amitié les sentiments bouleversés qu'elle avait

précédemment pour lui. Elle lui disait, avec un chagrin qu'elle tâchait qui fût tranquille : « Si vous me conservez de l'amitié, j'en jouirai avec paix et reconnaissance et, si vous veniez à ne m'en pas trouver digne, je m'en affligerais sans vous trouver injuste. Adieu, mon ami; c'est l'amitié qui prononce ce nom : il n'en est que plus cher à mon cœur, depuis qu'il ne peut plus le troubler. » Oui ! Mais elle reçoit, en un seul paquet, les deux lettres. La seconde, qui accepte la rupture : elle n'y croit pas. La première, qui avoue, encore bien vague, le projet d'un mariage : elle l'écarte, pour le moment. A la seconde lettre, elle répond qu'elle avait le délire, l'autre jour. A la première, elle répond le lendemain; et, dans sa lettre du lendemain, elle glisse ces quelques lignes : « Je ne combats point vos projets pour l'avenir : il n'existe pas pour moi. En général, je crois que vous ferez bien de ne pas vous marier en province. Cependant, ce serait une manière de fixer toutes vos incertitudes; mais aussi ce serait un malheur qui vous priverait du plus grand bien, qui est l'espérance... » Elle n'insiste pas. Ce qu'elle a dit n'est que pour avoir dit quelque chose qui ne parût ni un conseil ni une crainte. Elle a dû trembler, de cette crainte qu'elle dissimule, et feint d'être calme, et passe à d'autres

sujets d'entretien, comme si elle avait peur, en insistant, de donner trop d'importance à une idée vague, si incertaine et qui, peut-être, s'anéantira toute seule.

X

Pauvre Lespinasse ! Elle vient de frôler son malheur et ne s'en est qu'à demi aperçue. Elle en a esquivé l'idée, pour ainsi dire. Mais l'idée lui en revient, sans qu'elle le veuille : est-ce que M. de Guibert songerait à se marier, y songerait tout de bon, tandis qu'elle s'était figuré qu'il n'en parlait que d'une façon la plus vague, dans un moment de mélancolie et d'incertitude?... Elle ne va pas le lui demander tout de go : ce serait maladroit. Mais, un jour qu'elle lui écrit sur un ton plus gai, plus détendu que récemment, lui parle de littérature et de petites choses, elle termine ainsi sa lettre, et c'est le 9 octobre, un mois tout juste après que lui, M. de Guibert, avait lancé, comme à l'essai, l'éventualité de son mariage : « Vous ne devineriez jamais ce qui m'occupe, ce que je désire : c'est de marier *un de mes amis...* » Quel ami? Elle ne le dit

pas d'abord. Elle dit que l'archevêque de Tou-
louse aiderait au succès de l'affaire et qu'il s'agit
d'une fille de seize ans. On donnerait à cette
fille, en la mariant, treize mille livres de rente;
et sa mère la logerait. Plus tard, cette fille
n'aura pas moins de six cent mille francs, peut-
être davantage... « Cela vous conviendrait-il,
mon ami? Dites, et nous agirons... Nous cause-
rons de tout cela. Et, si cela ne réussit pas, je
connais un homme qui serait bien heureux de
vous avoir pour gendre, mais sa fille n'a que
onze ans : elle est unique, et elle sera bien
riche... » Une petite d'onze ans ! M. de Guibert a trente et un ans... Mais, une petite d'onze
ans, il y a qu'il faudrait l'attendre au moins
quelques années : n'est-ce pas ce qui tente aussi
Mlle de Lespinasse? Elle aurait, de ce fait, le
répit de vivre encore un peu et de mourir. Ou
bien plaisante-t-elle? Ou bien, s'étant promis de
n'avoir plus que de l'amitié pour M. de Guibert, a-t-elle vraiment pris son parti de le
marier?

Elle ajoute : « Mon ami, je voudrais par-
dessus tout votre bonheur, et le moyen de vous
le procurer deviendrait le premier intérêt de ma
vie. Convenez que les Quiétistes et que le sensible Fénelon ne pouvaient pas aimer Dieu avec
plus d'abnégation !... » D'une autre, ces mots-

là seraient badinage; de Lespinasse, je ne sais pas... « Il fut un temps où mon âme n'aurait pas été si généreuse; mais elle répondait à quelqu'un qui aurait rejeté avec horreur l'empire du monde... » Celui-là, qui eût refusé, pour Lespinasse, l'empire du monde, c'était M. de Mora.

Il me semble que M. de Guibert ne fut pas tout à fait sûr de la façon qu'il fallait prendre les offres obligeantes de son amie. Car il ne se dépêche pas de lui répondre et, touchant la fille de seize ans ni celle d'onze ans, il ne répond rien. Mais il n'écarte pas non plus tout projet de ce genre. Le comte de Crillon vient précisément de se marier. M. de Guibert, qui l'approuve, lui fait pourtant quelques reproches. Puis : « Et il faudra aussi que je me marie ! Il le faudra, bon Dieu ! Le comte de Crillon avait quinze mille livres de rente, et j'en ai la moitié; il était rangé, et moi j'ai des dettes; tout l'attachait à Paris et, moi, dans ma position actuelle, tout m'en éloigne. Mon père ne viendra à Paris que dans le mois de janvier. Il a un projet de mariage pour moi qui m'établirait dans ce pays-là. Je vous dirai cela. Je vous dirai toute ma situation; vous me conseillerez, vous me servirez. Si je suis forcé à prendre le parti de me marier, je voudrais que ce fût par vous... » Les amants bizarres ! Et leur tranquillité, dans ces étranges manigances ! La tranquillité de Mlle de Lespinasse n'est, sans doute, que d'apparence ou de feintise. Mais lui, M. de Guibert? Il se donne l'air de confier à sa maîtresse le soin de lui chercher une femme; et, depuis quelques mois, il est à peu près fiancé à Mlle de Courcelles... Que ces gens sont drôles ! et qu'ils ressemblent à des personnages de la *Nouvelle Héloïse* !

Cette lettre de M. de Guibert dut se croiser avec une lettre de Mlle de Lespinasse, où elle lui parlait de la jeune Mme de Crillon, qui n'était pas mal, et son mari très content d'elle : « Cependant, telle qu'elle est, je ne la trouverais pas assez bien pour être la femme de l'homme du monde que j'aime le plus. Mon ami, j'en suis plus sûre que jamais : tout homme qui a du talent, du génie, et qui est appelé à la gloire, ne doit pas se marier. Le mariage est un véritable éteignoir de tout ce qui est grand et qui peut avoir de l'éclat. Si on est assez honnête et assez sensible pour faire un bon mari, on n'est plus que cela; et, sans doute, ce serait bien assez si le bonheur est là : mais il y a tel homme que la nature a destiné à être grand, et non pas à être heureux... » Un tel homme, M. de Guibert, dont le talent, dont le génie, etc.

Son talent, son génie devrait empêcher M. de

Guibert de se marier; d'autres considérations
l'y engagent. Il est à Paris tout l'hiver et voit
beaucoup Mlle de Lespinasse; mais il écrit un
jour à Mme de Courcelles, mère de cette petite
Louise-Alexandrine que, depuis quelques mois,
il se destine : Mme de Courcelles l'avait invité,
ce jour-là... Il n'est pas libre, et il en a bien du
regret. Il doit aller voir, avec Mlle de Lespinasse,
M. d'Alembert, et qui encore? il ne le sait
plus, des tableaux de Julien. Il ajoute : « Mon
Dieu, que notre soirée d'hier a été charmante !
Que je serai heureux, quand ma vie sera com-
posée de soirées pareilles ! » Voilà ce qu'il dit
à Mme de Courcelles, et il est donc fiancé; mais
il ne le dit pas à Mlle de Lespinasse.

Il fallut enfin le lui dire; et ce fut, à ce qu'il
semble, au commencement de mars, qu'il le fit.
Je crois qu'il essaya de le lui dire et n'y parvint
pas; le courage lui manqua. Il préparait (si je
ne me trompe) l'annonce qui devait être si cruelle
à son amie et qui ferait un grand éclat dans
leur causerie de ce jour-là. Des mots fâcheux
lui échappèrent; il dit, ou s'écria : « Nous ne
pouvons pas nous aimer... » Il se rendait ainsi
moins aimable, de sorte qu'en fût diminué le
regret qu'on aurait de lui. Ces mots excitèrent
probablement une fureur dans laquelle il ne put
placer sa nouvelle. Alors, il se retira; il rentra

chez lui et, pour s'excuser d'avoir été cruel, il écrivit avec douceur. Tout cela, je l'induis par conjecture d'un billet que Mlle de Lespinasse lui répondit : « Je ne m'y attendais pas... » Elle ne s'attendait pas qu'il redevînt si tôt doux et gentil... « J'avais au fond de l'âme l'impression douloureuse de ces mots cruels : *nous ne pouvons pas nous aimer*, et j'y répondais, avec toute la force qui me reste : *je ne peux pas vivre.* Mon ami, tout ce que je souffre, tout ce que je sens est inexprimable; il me paraît impossible de n'y pas succomber. Je sens l'épuisement de ma machine, et il me semble que je n'ai qu'à me laisser aller pour mourir... » Elle dit qu'elle a été dans le bain trois heures : elle pensait ainsi ôter de sa poitrine une douleur qui ne l'a point quittée. Puis elle avait chez elle deux personnes, M. d'Aulezy et le baron de Kock : on lui a remis la lettre ou le billet de M. de Guibert; ces deux messieurs sont partis pour la laisser répondre. Et : « Bonsoir. Vos soins, votre inquiétude, me persuadent que, quoi que vous en disiez, nous pouvons nous aimer. A demain, je vous attends déjà. » Il avait annoncé qu'il la viendrait voir : et c'est peut-être ce lendemain qu'elle apprit de lui ses fiançailles.

Comment elle reçut ce coup, dans le premier moment, je n'en sais rien. Mais, à peu de jours de là, une lettre d'elle à M. de Guibert la montre doucement désespérée. M. de Guibert la venait voir souvent, tâchait de l'accoutumer à une amitié nouvelle. C'était environ trois mois avant le mariage. Elle lui écrit : « Hé ! comment voulez-vous que je vous dise si je vous aimerai dans trois mois?... Vous voudriez que, lorsque je vous vois, lorsque votre présence charme mes sens et mon âme, je pusse vous rendre compte de l'effet que je recevrai de votre mariage? Mon ami, je n'en sais rien, mais rien du tout. S'il me guérissait, je vous le dirais; et vous êtes asez juste pour ne pas m'en blâmer. Si, au contraire, il portait le désespoir dans mon âme, je ne m'en plaindrais point, et je souffrirais bien peu de temps, et alors vous seriez assez sensible et assez honnête pour approuver un parti qui ne vous coûterait que des regrets passagers, et dont votre nouvelle situation vous distrairait bien vite; et je vous assure que cette pensée est consolante pour moi : je m'en sens plus libre... » On ne saurait le dire sur un ton plus calme, et d'une voix — vous l'entendez? — plus tranquille, plus lente et parfaitement posée ; mais elle réclame ou dit qu'elle se croit accordé le droit de se tuer, quand M. de Guibert se mariera, si le mariage de M. de Guibert lui paraît alors une chose qu'elle ait trop de peine à supporter. Elle ne promet pas d'être aucunement raisonnable et même avoue, et même déclare, qu'elle fait peu de cas de la raison : elle vit et ne veut, d'ailleurs, vivre que dans la passion.

Elle a toujours vécu ainsi et, si elle devait recommencer, vivrait ainsi : « Aimer, souffrir; le ciel, l'enfer : voilà à quoi je me vouerais, voilà ce que je voudrais sentir, voilà le climat que je voudrais habiter, et non cet état tempéré dans lequel vivent tous les esclaves et tous les automates dont nous sommes environnés... » Bref, M. de Guibert est averti de s'attendre à tout; elle n'a pas dit un mot qui pût le rassurer : enfin, pour témoignage qu'elle est, en effet, dangereuse, il se souvient qu'à la mort de M. de Mora elle a déjà voulu se tuer.

Il eut trois mois de cette incertitude à passer avant son mariage. Elle était dans une tristesse, d'où elle s'éveillait quand il la venait voir, où elle retombait aussitôt qu'il la quittait. Sa tristesse n'avait que l'air de la résignation. Parfois, il lui semblait que ce délai de quelques semaines fût un bonheur et dont elle dût profiter. Puis elle écrivait : « Ha ! mon Dieu, que j'ai mal à l'âme ! Que je souhaite passionnément d'être délivrée, il n'importe par quel moyen, de la disposition où je suis ! J'attends, je désire votre mariage. Je suis comme les malades condamnés à une opération : ils voient leur guérison, et ils oublient le moyen violent qui doit la leur procurer. Mon ami, délivrez-moi du malheur de vous aimer !... » A de certains moments, elle croit qu'il n'y aurait presque plus rien à faire pour cela. Mais, à d'autres moments, elle se sent, par son amour, enchaînée, garrottée, de sorte qu'elle n'ait plus un seul mouvement libre : alors, elle sait qu'elle n'a, contre M. de Guibert, de secours que la mort.

Au mois de mai, le contrat de mariage fut signé. Elle écrit à M. de Guibert, à minuit : « Le voilà donc signé, cet arrêt ! Dieu veuille qu'il ait prononcé aussi sûrement pour votre bonheur qu'il a prononcé sur ma vie ! Mon ami, je ne puis plus soutenir ma pensée. Vous m'accablez: il faut vous fuir pour retrouver la force que vous m'avez ôtée. Adieu; puissiez-vous être toujours assez occupé et assez heureux pour perdre jusqu'au souvenir de mon malheur et de ma tendresse. Ha ! ne faites plus rien pour moi; votre honnêteté, vos bons procédés ne font qu'irriter ma douleur. Laissez-moi vous aimer et mourir. » A-t-elle vraiment le projet de mourir? ou ne fait-elle que de s'y attendre? M. de Guibert put se le demander. Il eut des attentions pour elle et crut l'adoucir en lui marquant de la compassion; mais il y a de la gaucherie à déplorer le mal dont vous êtes la cause et Mlle de Lespinasse était crispée de douleur. Elle avertit M. de Guibert de ne pas la plaindre : « Votre pitié mettrait le comble à mon malheur, épargnez-m'en l'expression. Persuadez-vous que vous ne me devez rien et que je n'existe plus pour vous. » Elle avait sa fierté sensible, et une espèce de chagrin farouche, une vive susceptibilité de l'âme.

Elle fit, un jour, une folie. Elle était venue voir M. de Guibert chez lui; et il la reçut, mais il l'informa bientôt qu'il attendait, à sept heures, mon Dieu, qui? les dames de Courcelles. C'était le cas, pour elle, de s'en aller : elle annonça qu'elle restait. M. de Guibert eut la plus vive inquiétude; il ne savait ce qu'elle serait capable de faire et, à tout le moins, la devinait qui, épiant ses mouvements, le mettait au supplice et, elle-même, s'y mettait. Voici les dames de Courcelles et force lui est de présenter sa fiancée à sa maîtresse. Il n'est rien qu'il ne craigne; et il s'aperçoit qu'il n'a rien à craindre : Mlle de Lespinasse, douce comme jamais, a « le langage du ciel sur les lèvres »; ses paroles « caressent » Mlle de Courcelles, qui est enchantée de Mlle de Lespinasse. Lui, M. de Guibert, émerveillé, pense vingt fois tomber à ses genoux; il la bénit tout bas d'une bonté qu'il n'aurait point espérée si parfaite. Et elle s'en va, très bien souriante, la première, laissant sous le charme de son amabilité, de son esprit, qu'elle a si attrayant, la fiancée et la mère de la fiancée.

Elle rentre chez elle et aussitôt écrit au fiancé. Ah ! ce n'est plus la même qui, tout à l'heure, était si gracieuse : elle écrit avec une espèce de rage. Elle met M. de Guibert « à côté de Lovelace et de tous les scélérats de roman », l'accuse de n'avoir voulu que la tourmenter, de lui avoir tourné, retourné le poignard dans ses blessures, de se repaître des chagrins qu'elle éprouve, etc. Il en est ébaubi, la supplie de se calmer, lui dit : « La haine ne serait pas plus cruelle que ne l'est votre activité. » Il n'admet pas qu'il ait été le bourreau de ce qu'il aime. Car il aime encore Mlle de Lespinasse : ne le veut-elle pas croire?

Elle le croirait volontiers. Mais elle souffre; et la souffrance la rend mauvaise : elle ne sait pas souffrir toute seule.

Au surplus, elle avoue qu'elle est dans un état « violent » : elle a conscience de ne montrer qu'une faible partie de cette violence; elle ne sait pas que c'est déjà beaucoup. Elle tâche quelquefois de s'adoucir; elle y parvient un peu lorsque la fatigue l'y aide. Alors, elle écrit à M. de Guibert : « Le mariage vous fera des merveilles; l'intérêt de votre femme, celui de tout ce qui vous entourera vous forcera à mieux soigner votre santé. Vous jouissez déjà aujourd'hui de la douceur du ménage... » N'y a-t-il pas un peu d'ironie, pour voiler tant de jalousie, dans ces mots-là? Elle dit à M. de Guibert : « Je ne me permets pas de désirer de vous voir; ce que je veux, de préférence à mon plaisir, c'est votre bien-être, votre bonheur, votre volonté, et même votre fantaisie, tant je me rends facile ! » En l'écrivant, je crois qu'elle sourit, dans sa tristesse.

Le mariage devait être célébré le 1ᵉʳ juin, au château de Courcelles. M. de Guibert devait quitter Paris pour ce château une dizaine de jours avant cette date. Le 21 mai, dans la nuit, elle écrit à M. de Guibert ; les mots lui tremblent dans la tête. M. de Guibert venait probablement de s'excuser, par un mot tardif, de ne l'avoir pas vue de la journée, de cette journée la dernière. Il n'en avait pas eu le temps. Il la verrait, avant de partir, le lendemain matin. Elle l'a, toute la journée, tout le soir, attendu. Elle en est toute frémissante. Elle lui écrit : « Hé ! mon Dieu, laissez-moi... Partez. J'ai besoin de repos; vous me troublez; je suis mécontente de vous. Je m'en hais. J'ai des remords... Ce que j'ai fait aujourd'hui? ce que j'ai pensé? ce que j'ai senti? Hélas ! je ne vous ai pas vu... Adieu, ne me voyez point : j'ai l'âme bouleversée et vous ne me calmez jamais. Vous ne connaissez ni le tendre intérêt qui console et qui soutient, ni cette bonté et cette vérité qui inspirent de la confiance et qui rendent au repos une âme blessée et affligée profondément. Que vous me faites mal ! Que j'ai besoin de ne plus vous voir ! Si vous êtes honnête, partez demain après dîner. Je vous verrai le matin, c'est bien assez. » Elle voudrait qu'il fût parti; et, du moment qu'il s'en va, il n'est plus là, pour elle. Le lendemain matin pourtant, elle dut trouver courtes et précieuses les dernières minutes qu'il lui donna.

Et maintenant, il est parti. Mlle de Lespinasse demeura si troublée qu'elle n'avait point l'usage de son esprit. Elle éprouva, dit-elle et comme dit Rousseau, qu'il y a des situations qui n'ont ni mots ni larmes. Elle passa huit jours dans les convulsions du désespoir. Elle crut mourir, elle voulait mourir : cela lui semblait, en somme, plus facile que de n'aimer plus M. de Guibert.

Un incident lui parut très alarmant. M. de Guibert, en la quittant, lui avait donné une petite bague, en souvenir de leurs amours : une petite bague; elle ne tenait, dit-elle, qu'à un cheveu et sans doute enfermait sous le cercle d'or un cheveu de l'amant infidèle. Le Sancy, fameux diamant, n'aurait pas été plus cher à Mlle de Lespinasse que cet anneau. Elle le mit à son doigt. Et il faut croire qu'il était un peu frêle et bien étroit; puis, dans les convulsions de la douleur, elle eut des mouvements très vifs. Deux heures après qu'elle avait l'anneau à son doigt, l'anneau se rompit : n'était-ce pas d'un bien triste augure et l'annonce de grands malheurs?

Elle se guinda, se promit de ne pas montrer qu'elle souffrait, s'interdit les plaintes et les reproches. Elle n'eût accepté ni la pitié de M. de Guibert, ni la preuve qu'il fût insensible à ses maux. Elle se condamna au silence.

Elle attendait pourtant un mot de lui. Elle se disait qu'il lui devait, en de si dures circonstances, quelques soins et n'osait pas lui supposer beaucoup de tendresse, mais comptait sur un témoignage de bonté ou simplement d'honnêteté. Il la laissa plus de dix jours sans aucun signe de penser à elle. Dame ! il se mariait; et ce n'est pas elle qu'il épousait. Qui songerait à lui reprocher de négliger, en un tel moment, sa maîtresse? Elle, par un sentiment qui n'étonnera non plus personne.

Au bout de ces dix jours, le lendemain peut-être ou le surlendemain de son mariage, il eut l'idée de lui écrire; aimable idée, dont seule aurait pu s'étonner sa nouvelle épouse. Il écrivit à Mlle de Lespinasse : « Vivez, vivez; je ne suis pas digne du mal que je vous fais. » Humilité qui était bien de circonstance et, à l'égard de sa victime, juste souci !

Mais elle, ces mots lui déplurent terriblement. Le billet de M. de Guibert lui parut « un chef-d'œuvre de froideur et de dureté ». Elle en fut indignée. Elle prit M. de Guibert en horreur, le vit « cruel et malhonnête » et, plus amèrement que jamais, se repentit de s'être, pour un tel homme, rendue coupable envers M. de Mora. Elle le détesta. Elle fixa le jour qu'elle se délivrerait d'une existence affreuse désormais; elle résolut de consacrer le dernier temps qui lui restait à vivre au seul souvenir de M. de Mora.

S'il lui arrivait de s'endormir, tard dans la nuit, ces mots : « Vivez, je ne suis pas digne du mal que je vous fais », lui sonnaient aux oreilles soudainement et l'éveillaient... « Non, non ! m'écriais-je; vous n'étiez pas digne d'être aimé. Mais, moi, il fallait que j'aimasse éperdument pour devenir aussi coupable ! » Et, un mois plus tard, écrivant à M. de Guibert, elle lui dit encore : « Je vous vois aujourd'hui ce

que vous êtes; je vois que vous avez fait une
action vile pour douze mille livres de rente. Je
vois que vous n'avez pas craint de me réduire
au désespoir, pour me faire servir de remplis-
sage dans un temps que vous vouliez employer à
rompre une liaison que vous ne pouviez conserver en vous mariant; et, pour mettre quelque
honnêteté dans vos procédés avec Mme de Montsauge, il vous a peu importé de m'avilir et de
me faire perdre le seul bien qui me restait, l'estime de moi-même... » Etc. C'est proprement
absurde : comment les amours de M. de Gui-
bert et de Mlle de Lespinasse auraient-elles mis
la moindre « honnêteté » dans les procédés de
M. de Guibert à l'égard de Mme de Montsauge
et rendu la transition plus facile de là jusqu'au
mariage?

Elle s'était juré de ne plus ouvrir aucune
lettre qui lui vînt de M. de Guibert. Elle s'était
fixé le jour qu'elle se donnerait la mort. Elle
reçut de M. de Guibert un paquet et l'ouvrit,
parce qu'il y avait dedans un *Éloge de Catinat*,
l'œuvre de M. de Guibert et qui devait con-
courir pour le prix d'éloquence à l'Académie.
Eh ! ne fallait-il point qu'elle s'occupât de cet
Éloge et, par ses amis, M. d'Alembert le premier, lui obtînt le prix? Voilà comme elle
trouve bon d'ajourner son trépas volontaire. Elle

le dit; elle le croit. Et voilà comme elle est dévouée aux intérêts de littérature.

Ces deux amants sont tout férus, sont tout
farcis de littérature. Leur amour a bien de l'analogie avec l'*Héloïse* : je l'ai noté plus d'une
fois. Et, à présent, M. de Guibert, qui cherche
une consolation pour Mlle de Lespinasse, l'engage à suivre l'exemple des héroïnes qu'a présentées, dans ses romans, Mme Riccoboni.
Quelle idée, la plus singulière, et dont Mlle de
Lespinasse est fâchée ! Ces héroïnes de
Mme Riccoboni peuvent servir de modèles à des
femmes qu'ont égarées leur légèreté ou leur galanterie; méprisables créatures ! elles ignorent la
passion.

Mlle de Lespinasse, dans sa passion malheureuse, écrit à M. de Guibert : « Votre mariage,
en me faisant connaître votre âme tout entière,
a repoussé et fermé la mienne à jamais. Il a été
un temps où j'aurais mieux aimé que vous fussiez malheureux que méprisable : ce temps n'est
plus. » Elle le méprise et le hait de tout son
cœur. Elle devait le considérer comme ne lui
étant plus de rien, ne plus lui écrire : elle va
lui écrire presque tous les jours et, comme elle
l'avoue, des volumes, tout pleins d'amour et
d'injures.

Et, comme elle est, par le désordre de son

cœur, rendue à demi folle, elle se met aussi à écrire d'autres lettres, plus déraisonnables encore. A qui écrit-elle? A un mort. En lui écrivant, elle se donne le sentiment qu'elle le ranime; elle le voit qui, pour elle, respire. Elle, sa tête s'exalte au point que ce mort vivant ne lui est plus illusion, mais vérité. Elle se divertit de M. de Guibert : elle écrit à M. de Mora.

XI

Le 15 juillet, environ six semaines après le mariage de M. de Guibert, Mlle de Lespinasse eut, dans la matinée, un accès de désespoir. Elle avait résolu de mourir ce jour-là, si elle ne recevait pas de M. de Guibert un mot qui vînt à son secours. Elle était hors d'elle. M. d'Alembert, très alarmé, lui témoignait un intérêt le plus vif. Elle n'avait pas la présence d'esprit de le calmer. La bonté de M. d'Alembert l'attendrissait; et elle fondait en larmes. Cependant, elle lui dit, et à deux reprises : « Je mourrai; allez-vous-en ! » Lui, le pauvre d'Alembert, ne s'en allait pas et, tout en pleurant, balbutiait : « Que je suis malheureux, de ce que M. de Guibert n'est pas ici ! C'est le seul qui pourrait adoucir vos maux; depuis son départ, vous êtes livrée à votre malheur. » Il apercevait la vérité; il ne la vit pas, ce qui s'appelle voir.

Au nom de M. de Guibert, Mlle de Lespinasse fit un effort sur elle-même. La souffrance la torturait; elle avait un bras et une main tordus et retirés, dit-elle. Et elle prit son calmant, l'opium, qui lui donnait un moment de repos, mais la rendait plus malade. Elle s'enferma dans sa chambre et elle attendit le courrier... « Il est arrivé. J'ai vu deux lettres de vous; mes mains tremblaient au point de ne pouvoir les saisir ni les ouvrir. Pour mon bonheur, le premier mot que j'ai pu lire était *mon amie.* Mon âme, mes lèvres se sont en allées s'attacher au papier. Je ne pouvais plus lire, je ne distinguais rien que des mots détachés; je lisais : *vous me rendez la vie, je respire.* Ho ! mon ami, c'est vous qui me la donniez ! Je mourrais si vous ne m'aimiez pas. Jamais, non, jamais, je n'avais éprouvé un sentiment aussi tendre et aussi passionné... » M. de Guibert offrait à Mlle de Lespinasse de conserver avec elle, en dépit de son mariage, un pareil amour, que la vertu consacrerait. Il insistait sur la nécessité de joindre à cet amour cette vertu.

Quelle joie fut celle de Mlle de Lespinasse ! Et elle, qui le traitait si mal, le déclare la bonté même. Et elle, qui refusait de rabattre absolument rien de ses prétentions amoureuses, accepte maintenant toutes les conditions, jusqu'à une sévérité qui lui coûte. « Oui, nous serons vertueux, répond-elle avec entrain ; je vous le jure. Votre bonheur, votre devoir me sont sacrés. Je me ferais horreur si je trouvais en moi un mouvement qui pût les troubler... » Elle sait ce qu'elle renonce : « Oui, je le sens, je vous aime plus que le bonheur et le plaisir; je vivrai privée de l'un et de l'autre. Je vous aimerai; et, quand cela ne me suffira plus, il sera temps de mourir ! » Elle compte, pour lui donner la force de l'abnégation, sur la puissance de son amour. Elle croit que son amour est capable de surpasser tout ce qu'on imagine; et telle est l'idée qu'elle se fait de son sacrifice, qu'elle le célèbre : « Il n'y a rien de cela dans les livres, mon ami; et j'ai passé avec vous une certaine soirée qui paraîtrait exagérée si on la lisait dans Prévost, l'homme du monde qui a le mieux connu tout ce que cette passion a de doux et de terrible. » Voilà ce qui lui donne du cœur : faire mieux et plus fort qu'on ne lit dans les romans.

Lorsque, vers l'automne, M. de Guibert revint à Paris, il recommença de voir beaucoup Mlle de Lespinasse. Non point en cachette ! Il avait ce projet, qui paraît singulier, que les femmes qu'il aimait n'eussent que de bons sentiments les unes pour les autres. Il ne se flattait pas d'avoir rien obtenu de ce genre, de la part de Mlle de Lespinasse et à l'égard de Mme de Montsauge, mais il l'obtint de Mme de Guibert. Elle fut en visites avec Mme de Montsauge; elle fit même un petit séjour à la Bretèche. Elle vit Mlle de Lespinasse, qu'elle avait connue lors de ses fiançailles. Et, disait M. de Guibert, « c'est un enchaînement dont je pense que je suis le premier anneau ». Il en était heureux et attendri, à la Wolmar.

Ainsi recommencent les amours de M. de Guibert et de Mlle de Lespinasse, selon leur vœu d'une irréprochable vertu. Ce ne fut pas sans difficultés, sans périls et sans retours des anciennes fureurs. On s'est juré d'être parfait : le sera-t-on? Il y eut un soir, au début de l'hiver, que la raison faillit céder à d'autres impulsions les plus dangereuses.

Tout le tort vint de M. de Guibert. Il disait à Mlle de Lespinasse qu'il l'aimait; il avait dans le cœur « tout le feu, tout le désordre de la passion ». Elle dut, à plusieurs fois, le repousser et, pour cela, lui déclarer sa haine, son mépris. Mais lui, l'amour l'enivrait; le passé lui revenait à la mémoire. Il prit la main de Mlle de Lespinasse, d'une façon qu'il n'était plus maître de lui. Elle en fut offensée. Elle eut à le chasser.

Il s'en alla, rentra chez lui, ne put s'endormir; et, à deux heures du matin, il écrivait à son amie pour lui demander pardon... Il est au désespoir de lui avoir déplu; mais il se défend de l'avoir offensée : « On n'offense que quand on méprise ou quand on forme de sang-froid le projet de séduire et d'allumer; et j'étais si loin de ce projet... » Ce qui lui manquait, c'était le sang-froid.

De telles scènes avaient, pour la pauvre Lespinasse, quelque chose d'horrible, et d'autant plus qu'elle adorait, fût-ce avec chagrin, l'amant qu'il lui fallait repousser. L'espérance de garder cet amant, de le garder d'une manière que le permît la vertu, la tentait, sans la tromper. Depuis le mariage de M. de Guibert, elle finissait de vivre. Elle attendait la mort; elle écrivait un jour à Condorcet : « Ho! qu'elle vienne et je fais serment de ne pas lui donner de dégoût et de la recevoir au contraire comme une libératrice! » Elle écrivait à M. de Guibert : « En m'interrogeant sur ce que je veux, sur ce qui reste pour moi dans la nature, je ne trouve rien à me répondre, sinon ce que demanderait un voyageur bien las, un gîte ; et je vois le mien à Saint-Sulpice. » Un autre jour :

« Laissez-moi arrêter, reposer ma pensée sur ce
moment tant désiré, si attendu, et dont je me
sens approcher avec une sorte de transport. »
Elle ne parle plus de se tuer, comme si ce
n'était plus la peine de le faire : elle avait confiance de mourir bientôt.

Elle a, dans ses derniers temps, deux pensées : l'une. M. de Guibert; l'autre, la mort.
Deux bien différentes pensées : M. de Guibert
est frivole ; la mort ne l'est pas. Elle se demande
quel effet sa mort fera sur M. de Guibert : « Il
y a des jours, lui dit-elle, où la nouvelle de ma
mort vous ferait à peine sensation: et, voyez si
je vous connais, peut-être y a-t-il tel moment
où vous en seriez accablé. » Cependant, il l'aura
tuée; elle le lui dit comme elle se le figure et
n'a peut-être pas tort : « Oui, mon ami, vous
m'avez frappée au cœur. J'en mourrai, et de
la mort la plus cruelle, puisqu'elle est lente...
Ils croient tous que c'est la mort de M. de Mora
qui me tue. Mon ami, s'ils savaient que c'est
vous, que c'est votre mariage qui a frappé le
coup mortel, ho ! quelle horreur ils auraient
pour moi, que je leur paraîtrais méprisable. Ha !
ils ne m'accuseraient ni plus haut ni plus fort
que ma conscience ! Adieu; je succombe à tant
de pensées douloureuses; cependant, en répan-
dant mon âme, je l'ai un peu soulagée. » C'est

le 7 novembre 1775, à six mois de mourir, qu'elle se sent déjà mourante.

Elle continue d'écrire à M. de Guibert, et presque tous les jours, et quelquefois à deux reprises le même jour. Elle continue de l'aimer, en dépit de tout, et l'aime sans ménagement : « Je sens, lui écrit-elle, que je vous aime par delà les forces de mon âme et de mon corps; je sens que je me meurs de n'avoir point de communication avec vous... Enfin, que vous dirai-je? Je vous aime à la folie, et comme une folle... » A ce moment-là, M. de Guibert est à Courcelles et c'est un lieu maudit, pour elle, que ce château où son amant s'est marié.

Aux mois de décembre et de janvier, le froid de la saison la fit souffrir. Elle disait qu'elle était à vingt degrés plus bas que Réaumur, et qu'elle avait ce froid qui lui gagnait le cœur. Elle toussa ; elle eut des quintes d'une toux qui lui durait des heures d'affilée. Elle prenait, pour se calmer, des grains d'opium, en prenait trois, quatre d'un coup : « Pris à cette dose, il me calme à la manière dont la tête de Méduse calmait. Je suis pétrifiée, sans mouvement. Ce que je vois n'est plus pour moi que la lanterne magique ; pendant deux heures, cette après-midi, il m'aurait été impossible de mettre les noms sur les visages. C'est un singulier état, que d'être morte tout en vie. Je me souvenais bien que je souffrais; je savais bien que c'était vous qui m'aviez fait mal; mais, mon ami, j'avais un degré de bonté par delà cette bonne brebis. Je ne savais plus qu'il y eût des méchants... Je savais encore moins qu'il y a des gens honnêtes qui font mourir ceux qui les aiment. J'avais oublié tout cela : l'opium ne vaut-il pas mieux que la raison?... » Mais, une fois passé le délire, la clairvoyance lui revient, qui la rend, jusque dans son amour le plus ardent et le plus tendre aussi, méchante, si elle inflige à M. de Guibert l'accusation de l'avoir tuée.

Pourtant, elle le prie de ne pas l'abandonner, de la venir voir. Elle lui dit qu'entre les visites auxquelles il ne manque pas, elle mérite la préférence : car « l'attention se réveille, au moment de se quitter »; puis « les soins ne tirent plus à conséquence ». Plus tard, elle se moque tristement d'elle, qui est maintenant vieille, laide, maussade et mourante, et qui veut être préférée; de lui pareillement, qui veut bien avoir des égards pour elle.

Un jour de janvier 1776, il l'était venu voir. Elle avait la pâleur de la mort. Elle fut prise d'une de ses colères, invectiva contre lui, l'appela son bourreau; elle ne gardait de force que pour le détester. Il la laissa dire : elle était en pleine déraison et, dans sa haine, l'aimait encore.

Un médecin de sa rue la soignait, tant bien que mal, et difficilement. On appela Bordeu, célèbre médecin, qui lui trouva les poumons attaqués. Les remèdes qu'il essaya furent sans effet. Elle gardait la chambre et dut bientôt garder le lit. D'Alembert ne la quittait pas. M. de Guibert venait le matin et le soir. Entre temps, elle lui écrivait. Un jour, le billet qu'elle lui envoie, elle l'intitule son testament de mort. Et, dans toutes ses lettres, elle ne cesse de joindre aux paroles d'amour les reproches et la rancune.

Les convulsions lui avaient tordu les traits du visage, au mois de mai. Alors, elle refusa de recevoir M. de Guibert, afin qu'il ne la vît pas défigurée. C'est le dernier sacrifice qu'elle se soit imposé, par un sentiment où l'amour se domine et, en se dominant, prouve sa force.

Les derniers jours, il semble qu'elle devint plus douce à l'égard de M. de Guibert, soit qu'elle fût touchée des bons procédés qu'il avait pour elle ou que cette douceur ne résultât que de la seule maladie, de sa faiblesse et de son assurance d'être déjà hors de la vie.

Elle lui écrit, un samedi, son dernier samedi sans doute et qui serait trois jours avant sa mort :

« Vous êtes trop bon, trop aimable, mon ami. Vous voudriez ranimer, soutenir mon âme qui succombe enfin sous le poids de la durée et de la douleur. Je sens tout le prix de ce que vous m'offrez, mais je ne le mérite plus. Il a été un temps où être aimée de vous ne m'aurait rien laissé à désirer; hélas ! peut-être cela eût-il éteint mes regrets ou, du moins, en aurait adouci l'amertume. J'aurais voulu vivre : aujourd'hui, je ne veux plus que mourir... » Et elle parle de M. de Mora, sans le nommer; c'est à lui qu'elle pense et à la perte qu'elle a faite quand il est mort. Elle dit à M. de Guibert : « Mon Dieu, que le funeste mouvement qui vous a entraîné vers moi dans ce moment m'a coûté de larmes, de douleur, et enfin ma vie y succombe. » C'est tout le reproche qu'elle adresse à M. de Guibert et, cette fois, le formule sans cris, sans colère, comme une vérité malheureuse. Elle a reçu, de M. de Guibert, une lettre qu'elle n'a lue qu'avec beaucoup de temps et de peine : elle avait une ardente fièvre; et l'effort de cette lecture lui donnait presque le délire... « Adieu, mon ami; si jamais je revenais à la vie, j'aimerais encore l'employer à vous aimer; mais il n'y a plus de temps. » Ce qu'elle écrit, comme elle le dirait, a le son lointain d'une parole qui n'est presque plus de ce monde.

Et, le dernier jour, le mardi 21 mai, sur les quatre heures après midi, elle écrit à M. de Guibert, pour la dernière fois. Elle lui écrit d'une étrange manière, où se retrouvent ses idées anciennes ou récentes, sa dialectique de l'amour (en quelque sorte) et qui est rude, mais non pour elle qui est sur le point de mourir : « Mon ami, je vous aime; c'est un calmant qui engourdit ma douleur. Il ne tient qu'à vous de le changer en poison; et, de tous les poisons, ce sera le plus prompt et le plus violent... » D'un mot qui ne fût pas digne de l'amour qu'elle avait pour lui, M. de Guibert la tuerait : voilà ce qu'elle entend... « Hélas ! je me trouve si mal de vivre, que je suis prête à implorer votre pitié et votre générosité pour m'accorder ce secours. Il terminerait une agonie douloureuse qui bientôt pèsera sur votre âme. Ha ! mon ami, faites que je vous doive le repos; par vertu, soyez cruel une fois. Je m'éteins, adieu. » Elle est devenue bien douce dans les mots, et pourtant n'a rien relâché d'une sévérité qui, au dernier moment, juge encore l'amant qu'elle ne cesse pas d'aimer.

Un peu plus tard, elle eut une défaillance. On l'en fit revenir. En s'éveillant, elle demanda : « Est-ce que je vis encore? » Puis elle ne dit plus la moindre parole; et, deux heures après minuit, elle mourut.

M. de Guibert était, non pas auprès d'elle, mais dans la chambre de M. d'Alembert. On dut lui remettre le billet où elle lui disait adieu. Il attendait avec chagrin qu'elle eût fini de mourir.

Elle avait auprès d'elle M. d'Alembert, à qui elle n'avait pas craint de se montrer défigurée. Elle avait aussi auprès d'elle son demi-frère, le marquis Abel de Vichy, très attentif à lui donner les derniers soins. Il était pieux et lui parla religion; il obtint qu'elle voulût recevoir les sacrements et mourir en chrétienne.

Elle fut enterrée le lendemain de sa mort. Elle avait, dans son testament, commandé que la cérémonie fût celle que l'on faisait pour les pauvres. Elle avait commandé que sa tête fût ouverte;. et l'on fit comme elle l'avait dit. Le deuil était mené par d'Alembert et Condorcet.

Par son testament, elle chargeait d'Alembert de veiller à l'accomplissement de ses volontés. Il devait ranger ses papiers, les détruire pour la plupart, rendre à quelques personnes leurs lettres. Il attendit quelques semaines avant de se mettre à cette besogne qui lui serait pénible; et voilà comme il apprit, vers la fin de juin, les infidélités de son amie. Un manuscrit qu'elle laissait contait l'histoire de ses amours avec M. de Mora. Il lut ce récit; et ce lui fut la révélation de sa disgrâce. Il n'avait rien deviné de tel.

Si l'on trouve sa naïveté ridicule, sa douleur ne l'est pas : une affreuse douleur, qui l'atteignait dans son passé le plus cher. Il s'en plaignit... à qui, mon Dieu, va-t-il s'en plaindre?... Il était, par la mort de Mlle de Lespinasse, seul au monde. Et il était, par tant de naïveté, condamné à suivre son erreur... Il se plaignit de la disgrâce où M. de Mora l'avait mis, s'en plaignit à M. de Guibert.

M. de Guibert croyait le consoler un peu en lui disant que Mlle de Lespinasse l'aimait beaucoup. Mais il répond à M. de Guibert : « A l'égard de mon ingrate et malheureuse amie, qui l'était de tout le monde excepté de moi, que ne donnerais-je pas, monsieur, pour que votre amitié pour elle et pour moi ne se trompât point dans les assurances que vous me donnez de ses sentiments ! Mais, malheureusement pour moi, malheureusement même pour sa mémoire, la voix publique ne s'accorde point avec la vôtre... » Et la voix publique a raison : maintenant, il le sait... « Plaignez-moi, monsieur, plaignez mon abandon, mon malheur, le vide affreux que je vois dans le reste de ma vie. Je l'ai aimée avec une tendresse qui va me rendre le besoin d'aimer nécessaire. Je n'ai jamais été

le premier objet de son cœur. J'ai perdu seize
ans de ma vie; et j'ai soixante ans... Adieu,
monsieur, j'étouffe et je ne puis en écrire davantage. Conservez-moi votre amitié; elle ferait ma
consolation, si j'en étais susceptible. Mais tout est
perdu pour moi et je n'ai plus qu'à mourir. »
Évidemment, à cette date, le 29 juin 1776,
un peu plus d'un mois après la mort de Mlle de
Lespinasse, d'Alembert ne se doutait pas que
M. de Guibert eût été son plus dangereux rival
et son vainqueur. Le sut-il jamais? Encore un
mois plus tard, le 22 juillet, il écrit, sous l'impulsion du chagrin, quelques pages qu'il intitule : « Aux mânes de Mlle de Lespinasse »,
qui, malgré leur éloquence involontaire, sont
déchirantes d'amour déçu, d'amour qui dure,
mais en durant ne fait plus que souffrir. Il
s'adresse à son amie et l'invoque : « O vous
qui ne pouvez plus m'entendre, vous que j'ai si
tendrement et si constamment aimée, vous dont
j'ai cru être aimé quelques moments, vous que
j'ai préférée à tout, vous qui m'auriez tenu lieu
de tout si vous l'aviez voulu... » Il se plaint à
elle de la solitude où elle l'a laissé en mourant
et se dit alors qu'il était seul déjà, sans le savoir, du temps qu'elle vivait et ne l'aimait pas.
Il le lui reproche. Pourquoi, dix mois avant de
mourir, lui disait-elle qu'il était ce qu'elle ché-

rissait le plus au monde? A-t-elle menti? Ou bien, en le lui disant ce jour-là, disait-elle la vérité? Elle se serait donc éloignée de lui ensuite? Mais pourquoi? Elle n'avait rien à lui reprocher... Il se dit qu'elle avait sans doute, elle, un reproche à se faire à l'égard de lui. Mais il fallait l'avouer : n'avait-il pas le pardon tout prêt?

Il se souvient d'avoir été vingt fois sur le point de l'interroger, de lui demander ce qui la rendait si étrange; et il se fut jeté dans ses bras : « Mais j'ai craint que vos bras ne repoussassent les miens que j'aurais tendus vers vous; votre contenance, vos discours, votre silence même, tout semblait me défendre de vous approcher... » Pendant la dernière année, que de fois n'a-t-il pas songé, mieux qu'à se plaindre, à montrer sa peine : il croyait ainsi l'attendrir ! Mais elle était si faible qu'il a craint de lui faire, en l'attendrissant, trop de mal. Et, le dernier jour, quelques heures avant de mourir, comme il était au désespoir à côté d'elle, soudainement elle lui a demandé pardon de n'avoir pas été pour lui meilleure... « Mais vous n'aviez plus la force de me parler ni de m'entendre... J'ai perdu sans retour l'instant de ma vie qui m'eût été le plus précieux, celui de vous dire encore combien vous m'étiez chère, combien je partageais vos maux, combien je désirais de finir avec vous les miens. » Il n'a pu l'interroger, apprendre d'elle ce qui était cause du pardon qu'elle le priait de lui accorder ; enfin, il n'a pu savoir, à ce dernier moment, si elle l'avait aucunement aimé. Maintenant, il ne le sait pas; et jamais il ne le saura.

Le ridicule d'Alembert est, dans cette histoire de Mlle de Lespinasse et de ses amants, le personnage le plus malheureux et le plus gentil. Les autres ont eu leur récompense : M. de Mora, qui ne sut pas qu'il était supplanté, qui mourut plein d'amour, qui se crut aimé, qui le fut et jusqu'après sa mort; M. de Guibert, le plus aimé, beaucoup plus aimé qu'il n'aimait et qui aima pourtant assez pour que l'amour dont il était l'objet le pût satisfaire; et Mlle de Lespinasse elle-même, qui a terriblement souffert et longtemps, mais à qui la souffrance était encore amour, était plaisir encore. Étrange fille !

Elle a fait de sa vie un roman d'amour, dans le genre de ceux qu'elle pouvait lire et qui étaient alors à la mode. Ils ne sont plus à la mode : elle non plus. Elle a un air *Nouvelle Héloïse*, un peu suranné. Elle a, dans son ardeur, quelque chose qui n'est plus de notre temps. Aime-t-elle plus que l'on n'aime de nos jours? Elle aime d'une autre façon. Ce n'est

pas son amour, qui nous étonne, mais le tour
que prend son amour dans son cœur et dans ses
paroles, dans ses cris éloquents et dans son
espèce de folie. Elle est folle trop délibérément.
Elle a plus de chagrin qu'elle n'est obligée d'en
avoir. Elle est trop sensible ou, du moins, l'est
avec trop de complaisance. Et elle a eu trop
de malheurs : ce n'est pas sa faute? elle les a
trop volontiers accueillis.

Elle est un personnage de roman, l'est à un
tel point qu'on ne sait si elle a subi l'influence
de sa lecture ou si les romans d'alors, qui nous
paraissent le plus faux, ne sont pas la vérité
d'alors. Mais, telle que la voilà, elle a souffert amèrement, elle a aimé avec un zèle admirable et trouvé, pour son amour et sa souffrance,
de beaux accents déraisonnables, qui vont au
cœur et qui le touchent.

E. GREVIN — IMPRIMERIE DE LAGNY — 6-25